MARÍA ÁNGELES GRAJAL

Jaime Ostos, sin filtros

ALMUZARA

Primera edición: febrero de 2025

Almuzara • Colección Memorias y Biografías
Edición de Ángeles López y Rebeca Rueda
Diseño de cubierta: Antonio Cuesta

www.almuzaralibros.com
pedidos@almuzaralibros.com - info@almuzaralibros.com

Editorial Almuzara
Parque Logístico de Córdoba. Ctra. Palma del Río, km 4.
C/8, nave L2, n.º 3, 14005, Córdoba.

Imprime: Liberdúplex
ISBN: 978-84-10526-24-2
Depósito legal: CO-31-2025
Hecho e impreso en España - *Made and printed in Spain*

Las lentejuelas sangrientas.
In memoriam *de Jaime Ostos.*

Índice

Prólogo

de María Ángeles Grajal

No está de más, para quienes no vieron torear a Jaime Ostos, que conozcan qué clase de tío era cuando se vestía de luces para pelearse a sangre y fuego con los toros, como la tarde del 23 de mayo de 1968, en la corrida a beneficio de la Cruz Roja, en Sevilla.

Era jueves, festividad de la Ascensión, uno de los tres jueves que lucen más que el sol, y se anunciaban en el cartel dos figuras del toreo, ya de vuelta, para dar la alternativa al joven sevillano Rafael Roca, vestido de blanco y oro; el padrino, Manolo Vázquez, que iba de verde y oro, y, como testigo, J. Ostos, de azul pavo y oro.

La tarde fue del ecijano, que llevaba tres lustros como matador de toros, triunfando en todas las plazas de España, Francia, América y Portugal, con un crédito vitalicio en la Maestranza desde 1953, que renovaba cada año, con cuatro salidas por la Puerta del Príncipe, a las que sumó la quinta, cuajando dos de sus mejores faenas y cortando cuatro orejas a los toros de la ganadería onubense de la Viuda de Diego Garrido.

La tarde fue de Jaime Ostos, que se abrió con el capote para recibir al tercero con una enjundia extraordinaria y se mantuvo con un valor pavoroso y una clase de toreo extraordinaria y a la antigua, hasta terminar con el quinto de una estocada perfecta.

A pesar de haberse cumplido ya cinco años desde que J. Ostos se dio de cara con la muerte en Tarazona de Aragón, y de que aquella cornada le estuviera pasando factura, el diestro realizó dos faenas clásicas de derechazos, naturales, giraldillas, molinetes... Todo su repertorio habitual, con su buen capote, su estupenda muleta y su excepcional estoque.

Viene a cuento rememorar aquella tarde de J. Ostos, más que nada para dar muestra del figurón que fue en el toreo y al mismo tiempo rehabilitar su figura, desvirtuada en programas televisivos del corazón, donde Ostos se las valió para darle carnaza a esos depredadores de la TV.

(Luis Carlos Peris, *Diario de Sevilla*, 8 de mayo de 2014)

He releído este artículo a lo largo de los últimos diez años y, de cada lectura, me renacía la rabia de que la historia y la impecable tauromaquia de Jaime Ostos quedaran tan desvirtuadas cuando, ya retirado de los ruedos, entró en una polémica televisiva sobre su temperamento y su conducta en los platós de televisión, para defenderse de las falsas acusaciones y de las muchas mentiras que vertían algunos enemigos que dejó en el camino o que aparecían en aquel momento buscando fama, dinero y hacer daño al que había sido una figura del toreo y al hombre temperamental, pero noble y honesto, aunque la arrogancia torera le hiciera parecer un personaje con cliché de chulería.

Los toreros en general, y J. Ostos en particular, son en sí mismos un alarde de jactancia y flamenquería porque viven a diario la gloria y el éxito en los ruedos; gozan de la admiración que les tributa el público, y más aún los aficionados y partidarios, que presumen de seguir a su torero por los ruedos y declaran con gallardía la torería de unos, el pundonor de otros, el valor, el esfuerzo, la entrega...

Que a Jaime lo embistieran voces críticas, ignorantes de que él había sido una figura del toreo y un hombre cabal, como él se definía, no le paraba la vida, pero le producía un amargo sabor de injusticia. Yo le decía: «Jaime, no te enfrentes con ellos», y desde mi gran rabia intenté convencerlo para que acudiera a un juzgado a denunciar los falsos testimonios que se vertían sobre su persona, injurias y vejaciones, pero él optó por defenderse en los platós de televisión públicamente, luciendo la verdad, tal como había hecho en los ruedos vestido de luces durante veinte años, toreando sin engaños, cargando la suerte sin enmendarse, con la razón y el valor desafiando al toro y a la muerte. Sin tener en cuenta que la presencia de su exmujer e hijos del primer matrimonio, así como la de examantes, «hinchapelotas» y especuladores de la carnaza televisiva manipulaban ofensivamente la reputación del torero. Pero Jaime no se achicaba; al contrario, se ponía en el terreno más peligroso con el mismo coraje y torería con que había ejecutado una faena a un Murube, a un Pablo Romero, a un Carlos Núñez, a un Domecq, a un Conde de la Corte, a un Atanasio, a un Cobaleda, a un Miura…

Yo le reproché sus apariciones en la televisión para contestar a las injurias, insultos y agravios que ponían en entredicho su honor, aconsejándole que lo denunciara en comisaría, pero no me hizo caso, porque Jaime sabía que aquellos detractores eran unos embusteros que no tenían conocimientos de su tauromaquia ni de su peculiar personalidad. Los toreros tienen un lenguaje corporal impecable, un pensamiento desafiante al riesgo, porque han traspasado el umbral del miedo, se salen con la suya y se sienten poderosos. Son de otra pasta. Comentamos al ver cómo se enfrentan al peligro, cómo les afectan las cornadas y cómo resuelven que sus cicatrices curen rápidamente. Jaime respiraba arrojo porque se había jugado la vida en los ruedos con serenidad y con éxito, y ahora en los platós de televisión se enfrentaba a las embestidas de unos cuantos adversarios sin trapío.

La tradición taurina había incorporado a la cultura la referencia de que ser «muy torero» era sinónimo de ser muy macho y tener mucho valor, mucha personalidad y arte, y Ostos cumplía sobradamente, siéndolo y aparentándolo, por haberlo mamado en aquella sociedad asentada sobre la estructura patriarcal tradicionalmente machista, por educación y por cultura, que consideraba natural que el hombre lo fuera, tanto en el «ordeno y mando» como en la protección del hogar y en pro del mantenimiento familiar y social.

En aquella España de mediados del siglo XX, el machismo y el heroísmo iban de la mano: los héroes nacían en los campos de batalla o en los ruedos de las plazas de toros. A unos, porque les mataba una bala de fusil o se salvaban de ella y se les condecoraba, y a los otros, porque se jugaban la vida delante de un toro. Algunos la perdieron en el ruedo, otros salían de la plaza por la enfermería con graves cornadas o a hombros por la Puerta Grande, siendo la valentía, por encima de cualquier otra condición, lo que aquella sociedad admiraba y aplaudía. En España, la valentía y un sentido del honor muy exaltado han hecho mártires, santos y héroes.

A su heroicidad, al torero se le sumaban una majeza y una elegancia que alargaban su fama más allá de los ruedos, y si, además, como era el caso de Jaime, se le consideraba un donjuán, su éxito estaba asegurado, pues este era un seductor muy del gusto de las mujeres, e incluso de los hombres, en aquella sociedad necesitada de personajes triunfadores, a los que endiosaban para admirarlos.

¿Jaime Ostos, machista? Seguramente, sí, por haber vivido en una sociedad estática donde la identidad masculina estaba representada en el hombre que «se viste por los pies» y de «pelo en pecho», y que incluso el propio diccionario de la Real Academia Española lo situaba en el orden natural, relacionado con el carácter o genio de los hombres.

¿Jaime Ostos, machista? Sí, y por serlo lo insultaron en los platós de televisión algunos esperpénticos colaboradores televisivos del momento que mercadearon con el honor del torero. Algunos, un tiempo después, lo lamentaron y se disculparon, y otros han quedado en el olvido, desdeñados y perturbados. Por lo cual, les propongo como terapia a su inquina que lean la biografía de Jaime Ostos, la verdad de su vida y de su tauromaquia, que, como la de toda figura del toreo, es la de un personaje de raza, siempre en trance de cambios al vivir entre la vida y la muerte, entre adulaciones en las tardes de triunfos y también asumiendo críticas con humildad, responsabilidad y con miedo cuando fracasan en el ruedo.

Ningún torero ignora que bajo el sol de una tarde cualquiera puede morir en el ruedo, y eso los hace sentirse vulnerables; pero héroes. Se muestran toreros arrogantes con las grandezas que les proporcionan los éxitos, pero también asumiendo las frustraciones de una mala tarde, intentando sobreponerse al enojo y a la rabia.

CELA Y FRANCO, ENTRE SUS ADMIRADORES

> Vivimos a diario entre trances, elogios y emociones dispares que nos llevan a conductas desmedidas e incurrimos en errores por el excesivo pundonor o la vergüenza torera con la que intentamos resolver los riesgos en el ruedo y fuera de la plaza.

Esas eran las palabras de Jaime a su amigo y admirado don Camilo José Cela, quien no escatimaba en halagos y cumplidos para el torero cada vez que se encontraban.

Muchos años antes de recibir el Nobel, yo invitaba a don Camilo a numerosos eventos taurinos, comidas, premios y tertulias. Acudía fascinado por sentir la cercanía con los toreros que tanto admiraba. Se quedaba embelesado saludando a Luis Miguel, a Ordóñez, a Chamaco... Se achicaba en presencia de los matadores y, con lo grande que era, se hacía pequeño escuchándolos. Tuve con él una relación muy cordial debido a su proximidad conmigo. Me comentaba episodios de su vida de escritor y de sus circunstancias personales. Por supuesto, siempre tenía una barrera reservada en Madrid cuando yo toreaba en Las Ventas.

Celebrábamos con su joven esposa, Marina, cualquier acontecimiento relevante. Una noche, los invité a cenar en Horcher. Mi mujer le comentó a don Camilo que estaba escribiendo un libro sobre la vida de don Severo Ochoa, *El hombre y el Nobel que yo conocí*, porque María Ángeles era una gran entusiasta de don Severo. Se veían para tomar café en el Palace, para cenar en Lucio, y lo visitaban en verano en La Granda. Ella le pidió a Cela que escribiera el prólogo del libro, a lo que don Camilo aceptó encantado.

Mi amistad y relación con él muchas veces giraba en torno al toreo; para el escritor era un tema más interesante que hablar de *La colmena*, aunque María Ángeles solía interrumpir para decirle que ese libro, magistralmente escrito, representaba una historia paralela de España y de aquella época, a través de los personajes de la posguerra, tan acertadamente retratados en una atmósfera que el escritor construyó con un toque de tinte rancio y tópicos. «Cambiaría *La colmena* por una vuelta al ruedo en Las Ventas», aseguraba don Camilo. «Jaime —proseguía—, yo os admiro y os elogio porque me hubiera gustado ser torero, pero me faltaba valor. Afición me sobraba, pero el miedo me podía. No exagero cuando digo que cambiaría mi Premio Nobel por haber salido a hombros de Las Ventas con dos orejas en las manos», insistía el escritor, expresando su fervor por la tauromaquia sin reprimir sus cumplidos hacia mí.

De igual modo, y en otro orden de cosas, el general Franco sentía curiosidad por la valentía que muestran los toreros.

—¿De dónde les viene el valor a ustedes, los matadores? —me preguntó el caudillo una mañana en San Sebastián, mientras desayunábamos juntos en el Palacio de Ayete.

—Excelencia, según dice la tradición del pueblo llano, el valor proviene de «las partes masculinas» —le respondí.

—El pueblo nunca se equivoca... Será verdad —afirmó Franco, convencido.

VALOR, ARTE Y TALENTO

«Después de tener afición, el tener valor es condición esencial para ser torero, y el torero es un macho alfa con un lenguaje sexual impecable».

Dr. A. Alcalá (neurocientífico)

La valentía está relacionada con la secreción de dopamina, aumentada en el enamoramiento y en el enfrentamiento con el peligro, dejándose llevar por la intuición para alcanzar el triunfo. Por eso, cuando «se aprietan los machos», el cerebro de los toreros, si mantiene el ritmo alfa del que hablan los neurocientíficos, triunfa por tener la intuición de que el éxito está en acercarse unos centímetros más al enemigo y en alargar muy despacio un natural, precisando una elevada dosis de temple y un valor que traspasa los tópicos del miedo, lo que el pueblo llano asegura que «emana de los genitales masculinos», y en el mundo del toro el pronunciamiento se hace con castidad e inmenso respeto.

De la anatomía del cuerpo depende mucho la elegancia toreando a la verónica, así como de la gracia del torero al realizar un ayudado por bajo. Y si, además, uno guarda en la muñeca el secreto del temple y de la lentitud, el toreo transmite un placer mágico. «Apretarse los machos» es un ritual al vestirse el matador en la habitación del hotel. Sacar el valor de donde resida lo describe el poeta Miguel Hernández:

> Muertes intenta el toro, la asta intenta
> recoger lo que le sobra de valiente
> al macho en abundancia.
> Ya casi experimenta
> heridas el lugar sobresaliente
> de aquel sobresaliente en arrogancia...

Los que no vieron torear a Jaime Ostos desconocen que su tauromaquia era tanto un paroxismo de exposición de genitales, a veces lúcida y a veces irrazonable, como una orgía de temple, de quietud y de serena elegancia. Esta tauromaquia es la historia de Ostos y la de otros toreros de su tiempo y de su entorno: valientes, artistas, intensos, contradictorios, complicados, seductores... e imprescindibles para la historia del toreo por su personalidad.

EL TRIUNFO DE UN PADRE

«Lo más importante de mi vida sucedió en el pasado», asegura Jaime Ostos en su relato. «Me dicen que echar la vista atrás para recordar las glorias pasadas es pesimismo, pero yo lo llamo "nostalgia"», afirmaba, rotundo, el diestro.

En su retirada de los ruedos, Ostos no se muestra nostálgico o melancólico, ni está deprimido. No busca refugiarse en la soledad para revivir el pasado. No obstante, utiliza una especie de espejo retrovisor con el que se permite rescatar de la memoria los momentos y emociones más positivos de su carrera taurina y de su vida personal, manteniendo su autoestima a través de la expectación que despiertan sus historias en quienes lo escuchan: amigos, aficionados, familiares.

> A mi hijo Jacobo le gusta que le cuente mi vida, dice que tengo superpoderes de memoria, y siempre que entra en mi despacho me ve firmando autógrafos y enviando fotos dedicadas a mis seguidores o a las peñas que todavía me recuerdan. Aunque él no es gran aficionado a la fiesta nacional, respeta la tauromaquia y me admira como padre.
>
> A Jacobo le encanta el fútbol, que practica con los juveniles del Atlético de Madrid, y también le apasiona la música, pero le hemos aconsejado estudiar Derecho, y también que se interese por el toreo y mi figura… El resultado es que se siente muy orgulloso de mí. Cuando voy algún día por sorpresa a su facultad, llama a sus amigos, me los presenta y todos se hacen fotos conmigo. Hay días que llega a casa y me cuenta que uno de sus compañeros ha enseñado la foto a su padre, y me pide una imagen mía toreando, dedicada, porque me admira mucho. Presume de mí como torero y como padre, y a mí… se me cae la baba.

CUANDO EL AMOR LLAMA DOS VECES

La nostalgia siempre llega con la retirada del torero, pero a algunos la vida también les ofrece nuevas oportunidades emocionales, la posibilidad de empezar de nuevo. Hay quienes, como Jaime, se arriesgan a establecer nuevas relaciones amorosas incluso después de haber cumplido los cincuenta años.

—Me atreví a pisar terrenos prohibidos porque tú me quitaste los pies del suelo —me dijo—, y ambos nos pusimos el mundo por montera cuando nos enamoramos, a pesar de los obstáculos que te ponía tu exmarido y de la disposición de Lita por humillarte hasta lo innombrable... Pero lo sobrellevaste como una heroína.

—Lo importante es que teníamos a Jacobo, y tú me tenías seducida, pero fueron muchos los escollos en aquellas llamadas que me hacía Lita para decirme que estabas en su casa mientras yo pasaba consulta en la clínica —le recordé a Jaime—. Las cartas que te enviaba al hotel Wellington insultándome y humillándome para hacerme sentir celos me dolían, complicaban mi vida contigo y también mi rutina profesional, aunque intenté comprender que su conducta era la legítima de una mujer abandonada por su pareja y que su venganza era hacerme daño. Con el paso de los años, los agravios que me había hecho Lita se transformaron en un sentimiento de pena hacia ella.

EL TOREO DE ANTES

En la retirada, disfruto mucho de la compañía de amigos que también han sido grandes figuras del toreo, como Pepe Luis Vázquez, quien nos invitó a comer en su domicilio sevillano. Empezamos hablando de salud, pero enseguida pasamos a las páginas de los recuerdos y nos desahogamos con nostalgia. «Esto ya no es como antes, Jaime...», me comentó una vez Pepe Luis. «Muchos aficionados echan en falta el toreo de los años 50, 60, 70», le aseguré yo.

Hablaba del toreo de Pepe Luis, Domingo Ortega, Ordóñez, Dominguín, Mondeño, el Viti, Gregorio Sánchez, Camino, Puerta, Aparicio, el Cordobés..., el suyo, el de Jaime. Y lo cierto es que yo también siento nostalgia del toreo de mi época, cuando el toro era una fiera de bravura y el torero se enfrentaba a la bestia para dominarla con valor, arte e inteligencia, produciendo un espectáculo de emoción y belleza que el público exigía y que, a mi parecer, ahora falta. Lo veo porque sigo acudiendo a las corridas. Y lo confirma Pepe Luis Vázquez, quien en un momento de la conversación le preguntó a Jaime cómo fue que se hizo torero, si en su familia no había antecedentes taurinos, como sí los había en la de él.

Y ahí entró al trapo para narrarle su vida.

Confirmación de Jaime Ostos en Madrid, en la plaza de Las Ventas, en 1958, apadrinado por Antonio Bienvenida. (Fotografía cedida por Jesús Martín Cartaya a la autora).

CAPÍTULO 1

El nacimiento de un torero

EN ESTA CASA NO SE ALIMENTA A GRANUJAS

Nací en 1931, en Écija, en un hogar andaluz, campero pero no taurino, como el que existía en Sevilla y en muchos pueblos de Andalucía, donde se respiraba por todos los rincones la afición a los toros. Familias como la de los Vázquez o los Gómez Ortega, conocidos como los Gallos, vivían intensamente esa tradición. Tanto por parte del padre, el torero Fernando Gómez, como por parte de la madre, la bailaora Gabriela Ortega, ambos se sentían muy orgullosos de que sus hijos fueran toreros. Sin embargo, en mi caso, mi padre no comprendía ni mi afición ni mis deseos de ser torero, y me lo puso difícil. Él no era aficionado a los toros ni tenía entre sus expectativas como padre la idea de que uno de sus hijos se dedicara a esta profesión.

Cuando en el año 1897 agonizaba Fernando el Gallo, antes de morir, le dijo a su mujer: «Gabriela, mientras nuestro hijo Rafael le haga a los toros lo que sabe, no pasaréis hambre en esta casa». Y el hombre murió tranquilo, pensando en el futuro de su hijo, quien fue un monstruo en el toreo, aunque sin imaginar que Joselito, el menor, sería un dios en el mundo de la lidia.

En mi familia, en cambio, no había antecedentes ni afición alguna. Mi padre resumía en frases apocalípticas su rechazo: querer ser torero era, según él, cosa de golfos y truhanes, de gente sin reputación ni otras posibilidades para labrarse un porvenir respetado. Así que, cuando a los dieciséis años me armé de valor y le confesé mi deseo de ser matador, su semblante, serio y herido en su orgullo de burgués acomodado, irradiaba una rabia incontenible.

—Hijo, en esta casa no se alimenta a granujas —apostilló don Manuel Ostos con gesto grave.

Mi padre era un rico agricultor ecijano, dueño de varias fincas de labor que permitían a la familia vivir holgadamente. Entre sus planes estaba que sus hijos asistieran a la universidad y se convirtieran en hombres de bien. Desconocía el mundo del toro y, por ignorancia, le tenía un rechazo visceral, equiparando a los toreros con los bandoleros de antaño, como la célebre cuadrilla de los Siete Niños de Écija, quienes entre 1814 y 1818 iniciaron una guerrilla patriótica contra Napoleón, pero que, por sus robos, fueron perseguidos por la justicia y la mayoría acabaron siendo ejecutados.

—¡Que quiere ser torero! Eso es cosa de golfos o de muchachos que viven en la miseria.

—No, papá, yo quiero ser como Manolete. Quiero triunfar como él, que es un ídolo de multitudes.

—En esta casa no se alimenta a granujas —repitió, gritando con insistencia.

Consciente de que mi padre ignoraba el mundo del toro y de que mis ilusiones no doblegarían ni su rígida autoridad ni su despótico discurso antitaurino, no me quedó otra opción que irme de casa. No supe cómo expresarle que las grandes figuras de la tauromaquia son héroes que gozan de prestigio, respeto, honores, fama y dinero.

Mi padre no me habría creído si le hubiera contado que Cúchares, cuando iba a Madrid, era recibido en los palacios por la aristocracia. Tampoco había oído hablar de Frascuelo, de Lagartijo ni del Guerra, todos admirados y agasajados por reinas, duquesas y marquesas. Si de Joselito el Gallo sabía algo, era lo que había leído en la prensa cuando un toro lo mató, atreviéndose a opinar que su funeral fue memorable en Sevilla solo porque era gitano y porque los sevillanos son muy folclóricos.

Écija está a medio camino entre Córdoba y Sevilla, y mi padre era más cordobés que sevillano. Era más austero en emociones que cualquier trianero y se alineaba con el perfil de un sevillano agricultor y terrateniente, como don José García Carranza, el Algabeño, quien también intentó quitarle de la cabeza a uno de sus hijos la idea de hacerse torero, pues don José había sido una gran figura junto a Guerrita y Lagartijo, pero no deseaba lo mismo para sus descendientes, que vivían como señoritos.

Mi padre era un rico labrador, burgués, partidario de las causas justas, de los pactos entre hombres de negocios sellados con un apretón de manos. Patriota, tan partidario de Queipo de Llano como del futbolista Ricardo Zamora, pero no le interesaban los héroes que se vestían de luces en la plaza y que llevaban coleta en el pelo.

Pude haber ido a la universidad, como mis hermanos, al terminar el bachillerato, pero desde niño me atraían más las emociones que los libros. De adolescente, la vida de estudiante me parecía vulgar y rutinaria. Cómoda, sí, pero sin la chispa emocionante que me recorría el cuerpo cuando me ponía delante de las becerras, dándoles pases sin miedo y sin que me cogieran, recibiendo los aplausos de mis amigos, hijos de ganaderos ecijanos que, en las fiestas de cumpleaños, solían echar becerras en sus cortijos para nuestro disfrute. Yo me enorgullecía de hacer con las becerras lo que ninguno de mis amigos se atrevía. Me hinchaba de pegar pases que me sabían a gloria.

Con el gusto del toreo ya en el cuerpo, un día hice novillos en el colegio para ir a ver a Manolete al hotel Comercial de Écija, donde recibía un homenaje de manos del alcalde, en presencia de la corporación municipal, aficionados, vecinos ilustres y una multitud de curiosos como yo, que queríamos ver de cerca al torero más famoso de España.

Subí las escaleras del hotel de dos en dos, hasta que me topé con la figura imponente de Manolete, vestido con guayabera blanca y pantalones marfil, zapatos bicolores marrón y blanco, sombrero cordobés y gafas negras.

—Muchacho, ¿a dónde vas tan deprisa? —me preguntó.

—A ver a Manolete —contesté muy ufano, mientras levantaba la mirada y lo veía delante de mí, serio, con un cigarro Philip Morris en la mano, erguido como un dios en su Olimpo.

—Pues aquí me tienes —dijo, poniendo su mano sobre mi frente—. ¿Así que quieres ser torero? —me preguntó.

—Yo quiero ser como Manolete, señor —asentí con gallardía adolescente.

—Para eso hay que entrenar mucho, muchacho, así que empieza ya mismo. A ver si algún día te puedo dar la alternativa —me emplazó.

Salí del hotel medio desvanecido por aquel encuentro. Me tuve que sentar en las escaleras para recuperar el aire, pues me sentía mareado, como si hubiera tenido una visión religiosa. Una vez recuperado, reaccioné, me fui a casa, improvisé una muleta con el mantel del comedor y salí al patio a torear de salón bajo la mirada de extrañeza de mi madre y de mis dos hermanas. Así me pasaba las tardes, desde que salía del colegio hasta la hora de la cena.

Poco después, me enteré de que Manolete iba a torear en Córdoba. No encontré a nadie que me acompañara, así que me fui solo en bicicleta. Gasté la paga de un mes en un asiento de tendido, pero allí me quedé, impactado, viéndolo en el ruedo. De regreso a Écija, ya con la noche bien entrada, comprendí con claridad mi vocación. Aquel día me prometí que sería matador de toros.

Aunque continué con los estudios de bachillerato, ya no pensaba en otra cosa que en entrenar, torear de salón e ir a los tentaderos que pudiera, para ponerme delante de una becerra, para ver y aprender de las figuras del momento.

Al terminar el curso, me armé de valor y volví a exponerle a mi padre que quería ser torero, que había decidido marcharme a Sevilla, seguir con los estudios en el instituto por la mañana y, por las tardes, ir de maletilla para aprender bien el oficio, pues tenía muy clara mi vocación. Pero, una vez más, volví a escuchar que tendría que abandonar la casa, ya que él no alimentaba a granujas.

Estábamos todos en la familia, terminando de cenar, y mi padre no dejaba de repetir una y otra vez la misma cantinela, hasta que me levanté, salí del comedor, subí a mi dormitorio, recogí mis pertenencias personales, los libros y mi hatillo de torear. Esa misma noche, abandoné el hogar con setenta reales en el bolsillo mientras, desde lejos, más allá del patio, escuchaba los sollozos desconsolados de mi madre y mis hermanas.

Mi padre tenía sus razones, pero yo tenía las mías: una necesidad inmensa de autoafirmación y protagonismo. Me invadía la mente como un veneno del que no podía prescindir, y no pensaba en otra cosa que en retar al destino con rebeldía. Quería seguir las trayectorias del Algabeño, los Martín Vázquez, Joselito, Belmonte, Manolete y todos aquellos que obtuvieron fama, gloria y el prestigio de la sociedad. Para lograrlo se requería mucha afición, enorme valentía y ambición, y yo tenía de sobra. Contaba, además, con el tesón necesario para intentarlo, como lo hicieron en su momento los grandes maestros.

Así fue como empezó Guerrita en Córdoba, siendo hijo del conserje del matadero, aficionado desde niño a torear becerros a la caída de la tarde. Una noche se atrevió con un novillo y se hartó de hacerle quites sin ser cogido, mientras otros chicos de su edad no se atrevían a ponerse delante. Desde entonces, Rafael Guerra Bejarano no hizo otra cosa que torear, convirtiéndose en el amo de los ruedos desde su alternativa en 1887 hasta su retirada, alcanzando la gloria, la fama y suficiente dinero para hacerse un rico ganadero y educar a sus hijos en la abundancia. Pero no permitió que su único varón siguiera sus pasos.

Como Mazzantini, oriundo de Guipúzcoa, quien tuvo la rebeldía de no conformarse con ser jefe de estación. Probó suerte con los cómicos, declamando poemas de José de Echegaray, pero, al no verse triunfando en los escenarios, decidió aprender a torear en capeas y tentaderos. Llegó a ser célebre por sus volapiés, amigo personal del rey Alfonso XIII, teniente alcalde de Madrid y, hasta su muerte en 1905, un torero que ostentaba el título de «don».

O como los hijos de Domingo González, Dominguín, estudiantes de bachillerato en Madrid, quienes crecieron viendo en su casa a los célebres Cagancho y Domingo Ortega, apoderados por su padre, y se aficionaron al toreo.

—¿En qué profesión se reciben más halagos y triunfos? ¿En cuál se siente más el calor del público o se gana más dinero? —se preguntaba Luis Miguel Dominguín—. ¿Que me juego la vida? Y qué, también el piloto de carreras se la juega y no recibe el pago que los toreros.

Lo mismo ocurrió con los hijos del Papa Negro —apodado así en oposición al Papa Blanco, que era Ricardo Torres Bombita—, la célebre dinastía de los Bienvenida, que desde niños se formaron en los ruedos. Antonio Bienvenida me contaba que, de niño, dormía abrazado a un capote que olía a torero y que, con solo nueve años, empezó a torear becerras en Portugal. Regresó a casa con doce mil reales, se los dio a su madre y llenó la casa de víveres para todo el invierno, cuando en muchos hogares españoles, en 1930, se pasaba mucha pero que mucha hambre.

Muchos toreros de mi generación, así como de las anteriores y posteriores, toreábamos a escondidas en cortijos y capeas de los pueblos, recibiendo cogidas, revolcones, golpes, varetazos y cornadas que nos curtían cuerpo y alma, aprendiendo a superar el miedo y a seguir adelante. Como el caso del Cordobés, un fenómeno en la tauromaquia y en la vida:

—Verá usted, don Rafael —dijo Manuel Benítez al apoderado Pipo—, no tengo nada ni a nadie en el mundo, y estoy dispuesto a dejarme matar por ser torero. Ayúdeme, le juro que no le defraudaré.

Pipo se dejó convencer. Aquel joven hacía cosas inauditas con el toro: valor, poderío y una arrolladora personalidad que transmitía al público una emoción que enloquecía los tendidos. No se equivocó el apoderado, que gastó mucho dinero en *marketing* y publicidad, como se hacía con los Beatles o con políticos como los Kennedy, y el resultado fue la gloria del torero más famoso de España.

Así que me instalé en Sevilla, en casa de mis tíos Manuel y Carmen, hermana de mi madre, donde me admitieron en contra de la voluntad de mi padre. Ellos no tenían hijos y me acogieron para aliviar un poco la carga que podía suponer. Como tenía el carné de estudiante, me iba a comer al CEU y luego fregaba los platos para ganar algo de dinero.

Pronto empecé a orientarme sobre dónde debía moverme en Sevilla para estar cerca de la gente del toro. Junto a otros maletillas de mi edad, todos con las mismas ilusiones, nos buscábamos la vida asistiendo a tentaderos, entrenando en el campo, toreando en becerradas y capeas, recorriendo los caminos y pueblos de Andalucía, pasando calamidades, pero siempre con el hatillo al hombro y mucha ilusión.

No era fácil llegar a un cortijo y conseguir que te dejaran dar un capotazo en el tentadero. A mí no me conocía nadie, y tampoco quería pedir favores para que mi padre no se enterara. Además, tenía cierto complejo delante de otros maletillas, que me llamaban el Estudiao o el Señorito, aunque todos pasábamos por las mismas dificultades y buscábamos lo mismo: la oportunidad de torear.

Un día nos contaron que había una tienta en lo de Marceliano Rodríguez. Como teníamos que ir andando, salimos muy temprano de Sevilla. Al llegar al cortijo, el mayoral nos prohibió la entrada, diciéndonos que no habría tentadero. No le creímos, así que fingimos marcharnos, pero, en cuanto desapareció de nuestra vista, nos escondimos. Volvimos al cercado donde estaban las vacas, y enseguida me puse a torearlas, aunque entre revolcones. El ganadero nos descubrió, y vino a caballo para echarnos a garrotazos. Yo, en un intento desesperado por quitarle la garrocha, lo agarré de una pierna, y él cayó del caballo, quedando en el suelo, pidiendo auxilio.

La casualidad o el destino quiso que, seis años después de aquel incidente, ya siendo matador de toros y en un gran momento de mi carrera, acompañado de mi apoderado, Sánchez Mejías, fuimos a ver al ganadero que tenía en venta el cortijo. Nos recibieron con honores y nos invitaron a comer. Al terminar el postre, aproveché para preguntarle desde cuándo tenía la cojera.

—Hace cosa de seis años, maestro —me respondió—. Un día entraron unos maletillas a querer torear las vacas que tenía preparadas para un tentadero con el maestro Pepín Martín Vázquez. Me fui a caballo para echarlos a garrotazos, pero uno de ellos me tiró del caballo y me rompí la pierna. Me operaron, pero no quedó bien... ¡Ya ves la gracia de aquel cabrón de maletilla!

Me levanté de la mesa, lo mismo hizo mi apoderado. Puse mi mano sobre el hombro del ganadero, orgulloso de tenerme en su casa, y le dije:

—Aquel cabrón de maletilla era yo.

—¡No puede ser, maestro! —respondió, incrédulo.

—Lo que oyes, Marceliano, era yo, con seis años menos. Ya ves cómo es la vida... Y ahora tú me quieres vender el cortijo. Pues va a ser que no. No es lo que yo pensaba; tengo otras ofertas mejores. Lo siento, hombre. Gracias por el almuerzo, y buenas tardes.

Un año más tarde, compré La Tenienta, la gran finca que dejé a mi exmujer, Consuelo, y a mis hijos, Gabriela y Jaime, cuando me divorcié. Nunca volví a ver al ganadero Marceliano Rodríguez.

Anduve de maletilla por los caminos que llevaban a los cortijos, con la esperanza de que en los tentaderos me dejaran dar unos capotazos en el ruedo. Los sufrimientos y dificultades de aquellos inicios se compensaban con mis sueños de triunfar algún día en las grandes plazas de toros.

Después de un año toreando en las capeas de los pueblos, me pusieron en el cartel de una becerrada nocturna en Córdoba, una plaza importante que o me lanzaba o me quitaba del medio. Aquel día supuso mi primera hora de la verdad como profesional, y vi cumplido el primer sueño de todo torero: debutar como becerrista.

Era 1948. Hice el paseíllo con un terno alquilado por cuarenta pesetas a un sastre. Estuve enorme, me sacaron a hombros por la puerta grande, y el público cordobés salió de la plaza hablando muy bien de aquel chaval de Écija, un tal Ostos, que apuntaba buenas maneras.

Manolete había muerto un año antes, y muchos aficionados cordobeses me contaron aquella noche que, dieciséis años atrás, el maestro toreó su primera novillada en Córdoba, alternando con el Niño de la Palma y Antonio Flores, y cosechando su primer gran triunfo. La coincidencia de fechas quedó grabada en mi memoria, porque yo había decidido ser torero tras ver a Manolete en mi pueblo el año anterior, pocos meses antes de que Islero, el toro de Miura, le diera la cornada mortal en Linares.

Después de la novillada, de vuelta a Sevilla, paramos en una venta en Écija para saludar a los paisanos que querían felicitarme por mi triunfo en Córdoba. Uno de ellos me contó que había visto a mi padre rezando en una iglesia mientras yo toreaba, y que le había mandado decir: «Mira a ver si está bien mi hijo». Pero él no fue a verme, ni permitió que lo hicieran mis hermanos.

Hacía más de un año que mi padre me había echado de casa. Sabía lo mucho que sufría mi familia, sobre todo mi madre, sabedores de las dificultades por las que pasaba en aquellos comienzos tan duros. También era consciente de que mi padre no era como otros, que habrían estado orgullosos de su hijo torero y a su lado aquella noche. Me dolió mucho su ausencia, y lloré como un niño.

Tuvieron que pasar seis años para sentir las lágrimas de mi padre en mis mejillas, cuando me abrazó con cariño y admiración en la primera corrida de toros que toreé en Écija, ya consagrado como figura del toreo, alternando con Luis Miguel Dominguín y Pepe Cáceres. Aquel abrazo deseado de mi padre solo se repitió en cinco ocasiones más, siempre en Sevilla y en la intimidad, tras mis grandes éxitos en la Maestranza y mis cinco salidas a hombros por la Puerta del Príncipe, que se sumaban a las dos que logré como novillero.

Sé que mi padre llegó a sentirse muy orgulloso de mí, pero nunca presumió de tener un hijo figura del toreo, en contraste con otros padres de matadores que yo conocía, que se enorgullecían de ello y celebraban juntos los éxitos. Yo tuve que asimilar que nunca lo vería festejando mis triunfos en público, ni en los hoteles, ni en los callejones de las plazas. Aunque, naturalmente, me hubiera gustado.

En mis comienzos, mi primer triunfo como becerrista en la nocturna de Córdoba atrajo la atención de empresarios taurinos, que empezaron a contratarme para novilladas sin caballos en Constantina, Cazalla, Fuentes de Andalucía... Casi todas las tardes salía a hombros de las plazas, lo que hizo que, en pocos meses, debutara como novillero con caballos en Osuna, un

Domingo de Resurrección, alternando con Gitanillo de Ricla y mi paisano Bartolomé Jiménez Torres. Salí por la puerta grande con cuatro orejas y un rabo. El éxito fue tan sonado que esa misma noche llamaron a Antonio Paso, mi primer apoderado, para torear una novillada de Eusebia Galache en Barcelona. Aquello parecía más una corrida de toros, pero no me arredré.

Salí de la plaza de Las Arenas con una oreja y un contrato para el domingo siguiente, repitiendo triunfo y demostrando mi buen momento. Los compromisos empezaron a lloverme, y el más importante fue mi debut como novillero en Sevilla.

MI PRIMER PASEÍLLO EN LA REAL MAESTRANZA DE SEVILLA

—¡Madre mía, vaya tela! ¡Ahí está la Maestranza, maestro! —exclamó uno de mis banderilleros al llegar a la puerta de entrada del coso sevillano.

—De aquí ya no nos escapamos —contesté, con la boca medio seca y una sonrisa forzada, por la incertidumbre del momento y el miedo al fracaso que todos los toreros llevamos en el cuerpo antes de cualquier corrida, especialmente el día que debutas en Sevilla, por la responsabilidad que conlleva.

Mientras hacía mi primer paseíllo en el ruedo de la Real Maestranza, el 5 de julio de 1953, me invadían las ansias de que el tiempo volase y la furia por adivinar lo que el destino me tendría reservado en aquella tarde crucial.

—Torean un mexicano de nombre Miguel Ángel, Andrés Luque Gago y un tal Ostos, un novillero de Écija que salió por la puerta grande en Barcelona hace unos días, y dicen que anda muy bien. Vamos a ver quién se lleva el gato al agua —comentaban los aficionados al entrar en la plaza.

Mis compañeros hicieron el paseíllo cabizbajos, pero yo iba con la cabeza alta, mirando al frente con aire altivo, como queriendo decir al público: «No me conocéis, pero vais a ver cómo es el novillero de Écija».

—¡Maestro, está llena la plaza! —exclamó mi mozo de espadas al llegar al burladero de capotes.

—¡Ni que toreara Belmonte! —acerté a pronunciar por lo bajo, mascando el nerviosismo de pisar por primera vez aquel albero.

—¡Anda con él, Jaime! —dijo mi apoderado cuando llegó mi turno.

Al salir del burladero, crucé mi mirada con la del maestro Antonio Ordóñez, que había acudido a la novillada para ver al también debutante Luque Gago, amigo de su familia. Desde el callejón, miraba muy atento cuando me acerqué a él.

—Pronto alternaré con usted, maestro —me atreví a decirle con arrogancia, mientras él sonreía abiertamente, seguramente sin creer mis palabras. Ni él, ni yo, ni nadie podíamos adivinar que, tres años más tarde, el maestro Ordóñez sería testigo de mi alternativa, con el Litri de padrino, en Zaragoza, el 13 de octubre de 1956.

Constancia de mi debut como novillero y de mi triunfo en Sevilla fue la crónica de Don Celes en *El Ruedo*:

> Jaime Ostos fue el triunfador de la tarde, cortando tres orejas: una al tercero y las dos al sexto. Tiene un valor y una clase enorme, practicando un toreo hondo, de sabor rondeño y de gran emoción, tanto con el capote como con la muleta. Con dos toros de distintas cualidades —suave el primero y quedadísimo el segundo— hizo dos faenas perfectas, con muletazos largos y torerísimos, cargando siempre la suerte y matando en ambos casos con una perfecta estocada. Especial emoción revistió su segundo toro, que le cogió aparatosamente tras cuatro lances soberbios que nos hicieron temer su retirada a la enfermería. Fue un éxito serio y de indudable mérito, ya que,

aunque no ingresó en la enfermería durante la lidia, toreó y mató a su segundo novillo con una fractura en los huesos de la rodilla, aguantando el dolor y la inferioridad física, y triunfando rotundamente.

No obstante, no siempre los toros ayudan. Hay tardes en las que no quieren embestir, y en otras, los ves y sabes desde el principio que te pueden colgar de sus pitones, y no te arrimas.

De las malas tardes, la peor de mi vida sucedió en Zalamea la Real, con una novillada de Concha y Sierra. Me tocó un novillo marcado con el número 13 que, por la mañana, al intentar enchiquerarlo, se arrancó a un cabestro y lo mató a cornadas. No quise ni verlo, y el público armó una bronca sonora, saliendo de la plaza detrás de mi cuadrilla y de mí, queriendo matarnos. No me atreví ni a ir a la pensión a quitarme el traje de luces.

Uno tiene que mentalizarse y sobreponerse a las decepciones de una mala tarde, porque, si uno no evita que se derrumbe el ánimo, un fracaso puede acabar con la carrera de un torero.

De mi debut en la Real Maestranza, recuerdo al detalle lo que le hice a los novillos, tanto como el humo de las ovaciones que echaban las gradas y los tendidos aplaudiéndome, o la banda de música, que no cesaba de tocar pasodobles antiguos, los mismos que les hacían a los maestros. Pero el recuerdo más grande de aquella tarde fue cuando me sacaron a hombros por la Puerta del Príncipe.

Salí herido por la puerta grande de la Real Maestranza, pero sin sentir molestias, porque el triunfo anula el dolor de la cogida, sobre todo en Sevilla y en el día de tu presentación.

La gloria hace olvidar la tragedia. La admiración del público te hace sentir un dios y, a los veintidós años, uno se lo cree. ¿Cómo no creerlo cuando das la vuelta al ruedo de la Maestranza con dos orejas en las manos y diez mil personas aplaudiéndote?

—Maestro, con este triunfo, esta noche nos ofrecen cuarenta novilladas más —me dijo mi mozo de espadas cuando me subieron a hombros.

—Pues no podremos torear muchas de ellas; llevo rota la rodilla. Pero hoy es el día más grande de mi vida, y antes de que me escayolen la pierna, voy a disfrutar de este momento.

Pasé la noche en la habitación de una clínica, recibiendo muchas felicitaciones por teléfono y el ofrecimiento de varios contratos, que no iba a poder cumplir hasta que pasaran los treinta días de escayola. Aunque fue un tiempo que aproveché para prepararme mentalmente y regresar a los ruedos con ganas de comerme el mundo.

En el toreo, la preparación física es muy importante, pero también es fundamental mantener claras las ideas sobre la afición y las ganas de triunfar.

Desde que saboreé el éxito, me di cuenta de que torear era un veneno del que ya no podía prescindir, porque solo me hacía feliz estar en el ruedo, y era tan necesario para mí como la respiración. Sentía, además, una actitud retadora conmigo mismo: o triunfaba, o no servía para nada.

Cada día me hacía más consciente de que la clave para triunfar en el toreo es un esfuerzo constante de valor, lucha, aprendizaje y entrega, demostrando siempre que se tiene una personalidad diferente a la de los demás toreros. No ser uno más, para no caer en la vulgaridad, porque, si no, te echan.

NOVILLERO PUNTERO

Durante las temporadas de 1953 y 1954, compartí cartel con los novilleros más destacados del momento: Fermín Murillo, Bernardó, Chamaco, Chicuelo y Mondeño. Nuestra amistad se fortaleció fuera del ruedo, especialmente con Chamaco y

Mondeño. En 1955, la temporada estaba planeada para torear en todas las ferias, pero, al terminar la de Sevilla en abril, mis deberes con la patria interrumpieron mi carrera. Al regresar de la Maestranza, vestido de luces y con dos orejas en la mano, fui detenido por la guardia en el *hall* del hotel Alfonso XIII, con la orden de incorporarme de inmediato al servicio militar en el Regimiento de Artillería de Barcelona, lo que supuso un parón de un año en mi trayectoria. Sin embargo, este *impasse* no entorpeció mi carrera, y en 1956 me despedí como novillero en septiembre, durante la Feria de San Miguel en Sevilla, donde repetí una tarde triunfal, saliendo a hombros por la Puerta del Príncipe.

En el diario *ABC*, la crónica de la novillada se describió de esta manera:

> En la carrera de Jaime Ostos no hay prisas ni pausas. Nada debe al favor ni a las improvisaciones del azar. J. Ostos es un torero hecho y muy bien hecho, que ejecuta el toreo con enjundia y garbo clásicos, con valor, armonía y un son depurado de auténtico artista. Para despedirse de novillero, ha toreado en Sevilla y ha estoqueado los toros con el estilo de un verdadero matador, tras realizar faenas que podrían ser arquetipos del arte y la ciencia del buen toreo. Ha dejado huellas de sus zapatillas toreras, que parecen tener suelas de plomo, pues durante sus faenas se clavan y se entierran en el suelo como buscando tierra firme para echar raíces, raíces de un triunfo inolvidable.

Doce días después de mi despedida de novillero en la Real Maestranza de Sevilla, tomé la alternativa en la Feria del Pilar en Zaragoza, el 13 de octubre de 1956, con toros de don Antonio Urquijo, siendo mi padrino el Litri y testigo Antonio Ordóñez.

La fecha no me agradaba, pues soy muy supersticioso con el número 13, y es raro que no sufriera un percance, aunque sí recibí algunos revolcones del toro de mi doctorado, Ojalata, que brindé a mi apoderado, José Ignacio Sánchez Mejías, Huevo Frito, hijo del célebre y recordado torero sevillano herido mortalmente por un toro en Manzanares en 1934, y tan llorado por Federico García Lorca. En el segundo toro de mi lote, dediqué la faena al Premio Nobel de Literatura Ernest Hemingway, quien por entonces acompañaba a Ordóñez en las ferias, sobre quien hablaré largo y tendido en otro capítulo.

Jaime Ostos y su extraordinaria cuadrilla, junto al popular y querido don Marcelino. (Fotografía cedida por Francisco Cano a la autora).

CAPÍTULO 2

Primeros amores

Antes de terminar la temporada de 1956 en España, toreé un festival en Córdoba y le brindé el novillo a mi novia de entonces, Luchi Contreras, hija del alcalde de Sevilla. Antes de partir a América, hicimos planes de matrimonio, aunque nunca se llegarían a cumplir. En mi vida comenzaban a aparecer mujeres impresionantes, a las que me entregaba momentáneamente, pues el toro seguía siendo lo primordial. Mi dedicación absoluta al toreo hacía incompatible mantener una relación estable con Luchi, quien me dejó varias veces, aunque siempre volvíamos. Sin embargo, su paciencia y el tiempo de espera se agotaron, rompiendo nuestro noviazgo cada vez que se enteraba de mis aventuras con otras mujeres. A pesar de todo, la quise mucho y, en ocasiones, se lo demostré.

Unos meses antes de mi viaje a América, en la Feria de Salamanca, el 13 de septiembre, un toro de don Antonio Pérez Tabernero me pegó una cornada. Me trasladaron al hospital para una operación de urgencia, pero dos días después abandoné el centro hospitalario clandestinamente y de noche, ya que los doctores se negaban a darme el alta. Había prometido a Luchi que estaríamos juntos en su cumpleaños, y con la ayuda de mi mozo de espadas, vendado y casi desvanecido, salí del hospital por una puerta de emergencia, donde me esperaba mi chófer. Llegamos a Sevilla al mediodía, justo para la fiesta de Luchi, quien al verme me encontró muy desmejorado.

—Jaime, no deberías haber corrido este riesgo si no estás recuperado del todo, pero me hace muy feliz que hayas venido —dijo conmovida.

—Tú te mereces todos los riesgos, mi amor. Por ti soy capaz de cualquier cosa —le respondí con zalamería, convencido de que Luchi merecía la valentía de haberme levantado de la cama, herido, para estar con ella en su cumpleaños. Lo que ella aguantaba con mis ausencias merecía, sin duda, esa correspondencia.

LOS DARDOS ENVENENADOS DE ANTONIO BIENVENIDA

Una vez recuperado de la cornada en Salamanca, emprendí viaje a Perú para torear en Lima, dejando a Luchi la promesa de regresar tan pronto como terminara los contratos para que, a mi vuelta, comenzáramos a organizar nuestra boda. Sin embargo, esa promesa no pude cumplirla, ya que, en la primera corrida que toreé en Lima, el respetado ganadero peruano Fernando Graña me pidió que brindara un toro a su hija Pilar, quien estaba sentada junto a él en una barrera. Siendo tan guapa, no me pude negar.

Surgió el flechazo en ese brindis, y durante los dos meses siguientes no nos separamos. Pilar, celosa y acaparadora, me acompañó en mis compromisos taurinos por México, Ecuador y Colombia. Durante esa campaña, varios toreros, ganaderos y periodistas dieron el chivatazo a la prensa española sobre mi relación con la hija del ganadero peruano. No tardó en enterarse Luchi, quien me mandó un cable diciendo que había agotado su paciencia y que no podía seguir perdonándome. Así, puso fin a nuestro noviazgo.

Aunque sentí pena, los consuelos de Pilar hicieron la situación más llevadera. Ella hizo oficial nuestra relación sentimental, y su padre se encargó de celebrarlo por todo lo alto en su hacienda durante varios días. Tanto los compromisos taurinos como los sentimentales me mantuvieron en América durante meses. Mi relación con Pilar comenzó a generar envidias, especialmente en mi compañero Antonio Bienvenida, también amigo de Fernando Graña, quien le chivó a su amigo que yo tenía novia en Sevilla y que me estaba aprovechando de su hija.

En mi relación con Pilar Graña había puesto todo mi corazón y hacia su padre tenía el máximo respeto, pero Bienvenida me dio una estocada por la espalda.

—Jaime, Antonio le ha dicho a papá desde el principio de nuestra relación que eres el hombre más mujeriego del mundo, que hoy te enamoras de mí y, pasado mañana, de otra mujer que te deslumbre. Ahora le ha aconsejado que no permita nuestra relación si no quiere verme sufrir —me contó Pilar llorando, a pesar de que llevábamos solo un mes saliendo juntos y estábamos felices.

Los consejos de Bienvenida a Fernando Graña sobre mi reputación de donjuán fueron como dardos envenenados que amenazaban con acabar con nuestra relación. Al principio, se me desataron los más básicos instintos de honor, llevándome a pensar en un duelo de valentía con Antonio. Sin embargo, luego me calmé y me di cuenta de que ni me convenía ni era lo correcto. Opté por la mesura.

—Si tu padre y tú creéis a Bienvenida, no tienes más que decírmelo y no me volverás a ver —le dije a Pilar.

—Jaime, habla con mi padre y exprésale tus sentimientos. Dile que estamos enamorados, que me quieres, que vas en serio conmigo —me rogaba ella.

—Mi amor, yo te lo expreso a ti, a tu padre y a quien sea necesario, pero apenas nos conocemos desde hace un mes. Es muy poco tiempo para hablar de boda —le respondí.

—Ya lo sé, pero mi padre se ha dejado convencer por Bienvenida y me ha prohibido verte si no hacemos público nuestro compromiso de matrimonio —me dijo Pilar, dejándome boquiabierto.

Le expliqué que me gustaba mucho y que la quería, pero no tanto como para comprometernos tan apresuradamente. Le propuse darnos un tiempo, y que yo regresaría a Perú en unos meses. Aceptó, pero la distancia terminó siendo tan mala como las prisas, y nuestra relación se fue enfriando, a pesar de sus diarias llamadas suplicándome que volviera, e incluso de su insistencia en venir a España.

—Jaime, si me lo pides, vuelo a tus brazos ahora mismo —me decía sollozando.

—Mi amor, estoy en plena temporada, entregado al toro. No puedo distraerme, ya que es mi prioridad. Entiéndeme —le contestaba sinceramente.

—Qué cruel eres, Jaime. Yo te amo, te seguiré siempre y no me interpondré en tu profesión... —me respondía ella, con tristeza.

Sé que fue muy doloroso para Pilar. Aún recuerdo sus palabras. A pesar de ser una mujer extraordinaria, asediada por pretendientes ricos y guapos que la rodeaban en Lima, solo quería estar a mi lado. Sin embargo, fui sincero con ella, ya que no quería engañarla con promesas que no estaba seguro de poder cumplir.

Siempre pensé que, si Pilar no hubiera insistido tan prematuramente en casarnos, nuestra relación podría haber madurado lo suficiente como para terminar en boda. Pero en aquel momento, el toreo seguía siendo lo más importante en mi vida.

Cuando uno tiene veintitantos años, gana dinero y siente la admiración del público, es fácil creerse el rey del mundo. En aquel momento, yo era uno de los «reyes del mambo» como torero, pero también un muchacho inmaduro y algo engreído por el éxito.

Los triunfos en el ruedo llevan al público a otorgar gloria y admiración, lo que atrae tanto a personas humildes como a ricos, aristócratas y a hombres y mujeres por igual. Las aventuras amorosas de los toreros, desde Paquiro y Cúchares hasta la actualidad, han sido profusas; muchas de ellas, prohibidas y morbosas, contribuyendo a la fama del torero como un donjuán.

Joselito el Gallo, por ejemplo, estuvo enamorado de una hija del ganadero Pablo Romero, mientras mantenía una relación con la Argentinita. Al final, la bailarina lo dejó por su cuñado, Ignacio Sánchez Mejías, casado con la hermana de Joselito, Lola, aunque también vivía una aventura con la escritora Marcelle, hispanista francesa y amiga del grupo de intelectuales de la Generación del 27. Todos los toreros hemos seguido, en mayor o menor medida, esa fama de mujeriegos que viene de nuestros predecesores y figuras del toreo.

Las historias de amor de Joselito se complementaban con visitas de la reina Victoria Eugenia al domicilio del torero en Madrid, mientras su esposo, Alfonso XIII, tenía sus propias aventuras. Joselito, por su parte, aprovechaba cualquier hueco en su agenda para acudir a Salamanca a los tentaderos en Terrones, donde la ganadera lo recibía enamorada y le regalaba una medalla con la inscripción íntima «A él, yo», a lo que Joselito respondía con otra medalla que decía «A ella, él»; historias que conozco de primera mano gracias a José Ignacio Sánchez Mejías, mi apoderado, hijo del célebre Ignacio.

Las aventuras amorosas de los toreros, sin duda, darían para escribir memorias gloriosas, románticas y, a veces, violentas. Los toreros, con su carácter conquistador y su inclinación hacia las mujeres, son irresistibles para aquellas que buscan hombres difíciles de conquistar, como me dijo Gracia Imperio, la bellísima *vedette* de la compañía Colsada, quien se encaprichó de mí mientras le rondaban varios pretendientes, y especialmente un ganadero sevillano. Viví con ella una intensa aventura amorosa durante varios meses, hasta que decidí cortar la relación para evitar un enfrentamiento personal con el ganadero, que amenazaba con pistolas y exigía ciertos criterios de honorabilidad que yo no quería compartir con él, ni tampoco deseaba ver reflejados en mi trayectoria profesional.

Gracia Imperio no fue la única mujer famosa que vivió una situación con un torero. En Sevilla también fue noticia la amenaza de un militar a Ángel Peralta, el rejoneador, que fue detenido dentro de su coche y frente a un semáforo por el padre de la joven, que en un arrebato de rabia sacó una pistola y le apuntó directamente. Ángel, separado ya de su primera mujer, mantenía una relación con la hija del general, y aquello ni se veía bien ni era tolerado en aquella sociedad, donde el divorcio era impensable. Este incidente no solo lo llevó a la comisaría, sino que terminó siendo condenado por un consejo de guerra a tres meses de prisión. Ángel, mi querido amigo, me contó esta historia y me dio una valiosa lección.

Algo similar le sucedió a Luis Miguel Dominguín, quien fue acusado de secuestrar a la hija del duque de Pinohermoso. La joven tuvo la valentía de declarar ante la policía que había huido voluntariamente con el torero. A pesar de la denuncia del padre, todo terminó con su hija de vuelta en casa, sin consecuencias legales para Luis Miguel.

—Para torear y triunfar, no convienen las mujeres, Jaime —me repetía mi apoderado con frecuencia.

Y Luis Miguel, con una mezcla de sabiduría y humor, me confesaba:

—Muchas de mis cornadas llevan el nombre de una mujer. Hubo temporadas en las que mantuve relaciones con dos o tres al mismo tiempo, y fue justo cuando más me cogieron los toros.

Así era el torero, dejándose querer por las mujeres, pero siempre sabiendo que el toro era la prioridad. En el ruedo se vivía el riesgo, pero fuera de la plaza el peligro podía tomar otras formas, como aquellas aventuras amorosas que llenaban nuestras vidas de emociones, pero también de tensiones.

La tauromaquia está llena de historias como estas, donde el amor y el peligro se entrelazan. El propio Joselito, a pesar de ser una figura seria y admirada, también se dejaba llevar por las pasiones. Desde sus relaciones con mujeres importantes hasta sus escapadas amorosas en Salamanca, Joselito vivía intensamente, igual que los toreros que lo sucedimos. Y aunque el toro siempre fue el centro de nuestra vida, las mujeres nos acompañaban en esas aventuras.

Las aventuras amorosas de los toreros eran el pan de cada día en nuestra vida. Siempre había más de una mujer detrás del matador, tanto en el ruedo como fuera de él. Y aunque muchas veces nos advertían que para triunfar en el toreo no convenían las mujeres, la realidad es que muchas de nuestras cornadas, tanto físicas como emocionales, tal y como decía Luis Miguel Dominguín, llevaban el nombre de una mujer.

EN LOS CARTELES CON LUIS MIGUEL Y CON ORDÓÑEZ

Si existe una *belle époque* en el toreo, es sin duda la que va de 1950 a 1960, con Luis Miguel Dominguín como protagonista, gracias a su personalidad, su toreo, su ambiente familiar, sus amistades y enemistades, y también por su relación con Hemingway. Aunque el Nobel era el fan número uno de Antonio Ordóñez, cuñado de Luis Miguel, mantenía una estrecha relación con Dominguín. No solo no le hacía ascos, sino que entendía que Hemingway era un azicate más de notoriedad, relevancia y publicidad. La amistad entre ambos era de interés recíproco, y con Ordóñez formaban un triángulo del que fui espectador en primera fila.

Hemingway, por su parte, estaba escribiendo *Muerte en la tarde* o *La fiesta*, y al mismo tiempo transcribía artículos y crónicas taurinas para la revista norteamericana *Life*. El continuo contacto con Ordóñez y Dominguín lo llevó a inventarse una enemistad entre los cuñados, tan falsa como muchas de sus columnas taurinas, pero eficaz para captar el interés de sus lectores. Estos disfrutaban de la supuesta competencia entre los dos toreros, tanto dentro como fuera de la plaza, aunque no era cierta. No obstante, resultó beneficiosa para ellos tres, para los empresarios que llenaban las plazas y, en cierto modo, también para los toreros que compartíamos cartel con ellos.

Desde mi alternativa en 1956, con Ordóñez como testigo, compartí cartel con él muchas tardes. Un año después, toreé con los dos, ya que ambos estaban en la cima de la popularidad. Luis Miguel se había retirado temporalmente de los ruedos españoles, pero reaparecía intermitentemente con enorme expectación, en parte por la publicidad en torno a su «enemistad» con su cuñado. En esas tardes, logré ganarles la partida en varias ocasiones, lo que molestaba a Ordóñez, mientras que a Luis Miguel le encantaba la competencia conmigo, tanto en la plaza como fuera de ella, ya que esto le servía de incentivo. No fue un año fácil para Luis Miguel, ya que su padre, el patriarca de los Dominguín, falleció, y antes de morir le hizo prometer que volvería a torear con Ordóñez, el marido de su hermana Carmina.

Aquella temporada estaba diseñada para que los tres toreáramos juntos, pero debido a las cogidas de uno u otro, las ocasiones fueron menos de las planeadas. La competencia entre los cuñados era más un truco de *marketing* que otra cosa, y el más beneficiado fui yo, ya que me mantuve en los carteles con uno u otro, logrando grandes triunfos en los ruedos y fortaleciendo mi amistad con Luis Miguel. Él siempre quiso que nuestra convivencia dentro de la plaza se extendiera fuera de ella, y me invitaba a muchas fiestas privadas, reuniones familiares y de amigos, donde me presentaba a las mujeres más bellas e importantes de aquella sociedad. Ambos flirteábamos y compartíamos aventuras. A veces, incluso nos gustaban las mismas mujeres y las compartíamos, aunque nunca juntos ni revueltos. Coincidimos en el tiempo con alguna, como ocurrió con la viuda de Tyrone Power, Linda Christian, que nos seguía por casi todas las ferias de España y Francia durante 1961.

La presencia de Linda en nuestro círculo taurino y social no nos sorprendía al principio, ya que le gustaba mucho el mundo de los toros. Lo que no sospechábamos era que mantenía relaciones con ambos, de forma intermitente. Cada uno de nosotros creía que Linda era su amante exclusiva, hasta que un día nos enteramos de que la compartíamos y que, además, también estaba con Ordóñez. Ella misma, un día, harta de copas, se lo confesó a Lucía Bosé para hacerla arder de celos.

—Estuve con los tres el mismo verano, sin que ninguno se diera cuenta —dijo Linda Christian a una Lucía ya separada por entonces de Luis Miguel—, y ninguno de los tres era para darle aplausos en la cama —cuenta Lucía Bosé que le soltó, sin delicadeza alguna, la viuda de Tyrone Power.

—¡Qué hija de p...! Si no nos dejaba en paz a ninguno. Seguro que lo dijo por despecho, porque a Lucía no la tragaba —aseguró Dominguín.

—Esos comentarios salen de la rabia —le dije a Luis Miguel años más tarde, cuando le conté el encuentro entre mi mujer, María Ángeles, y Linda Christian en Marbella, en una fiesta en casa de mi amiga Maika Pérez de Cobas.

La conversación sucedió así:

—Te preguntarás por qué miro tanto a tu marido —le soltó la actriz a mi mujer.

—Sois muchas las mujeres que miráis descaradamente a Jaime, pero no pierdo el tiempo en conjeturas —respondió ella.

—Pero yo quiero que sepas que lo miro porque me recuerda mucho a mi difunto. Tu marido tiene un gran parecido físico con Tyrone Power —contestó la actriz.

—¡Ah, Tyrone Power! —asintió mi mujer.

—Sí, Jaime siempre me ha recordado mucho a mi marido. Por eso mantuve un romance con él hace muchos años. No sé si lo sabías, preciosa —dijo Linda Christian.

—No, Jaime es un caballero y no va contando sus aventuras amorosas, aunque algo de eso me contó Lucía Bosé, porque tú se lo habías confesado, sin ningún pudor… —le dijo María Ángeles.

—Querida, no le creas a Lucía, es una mujer tan resentida que siempre habla desde el dolor —apostilló la actriz.

—Lucía es tan señora que puede hablar desde donde quiera —contestó mi mujer.

—Quiero explicarte, querida, que todo viene de cuando la Bosé quiso venderme su apartamento en Capri, tras divorciarse del torero, y me quiso engañar en la venta. Lo que oyes. Fue entonces cuando, para vengarme, le conté mi aventura con Dominguín —explicó Linda.

—Creo que le contaste tus aventuras con Dominguín, con Ordóñez y con Jaime… Y que, según tú, ninguno de los tres daba la talla en la cama. Ja, ja, ja. Ese comentario sí que nace desde el resentimiento, y además es de una vulgaridad impropia de ti —le replicó María Ángeles.

—Huyy, querida, Lucía siempre tan bicho. Te habrá contado muchas maldades sobre mí —comentó la actriz con astucia.

—Maldades no, solo me dijo lo que tú le contaste para hacerle daño —le respondió mi mujer, dando por terminada la conversación con la actriz, que ya iba de diva y estaba muy mermada de facultades.

Son muchas las mujeres que se enamoran del torero apasionadamente, porque el matador es un seductor que vive todo con pasión exagerada. Suelen ser romances esporádicos, especialmente cuando los toreros estamos casados, ya que es cuando más nos atrae seducir por satisfacer una ilusión pasajera o reafirmar una autoestima machista que nos domina... Y lo mismo ocurre con las mujeres que, como Rita Hayworth, iban o van tras las figuras del toreo por afición.

Por otra parte, hay mujeres muy especiales que el destino pone en la vida de un torero. A todos nos ha ocurrido. Y recuerdo especialmente el día que Victoriano Valencia conoció a la que se convertiría en su esposa, pues fui yo quien se la presenté.

Una noche, en el hotel Wellington, después de una tarde triunfal en Las Ventas, un matrimonio muy partidario mío me presentó a su bella hija Paloma, con quien concerté una cita para el día siguiente. No sé cómo ni por qué llamé a Victoriano Valencia para que nos acompañara.

—Ven mañana con una amiga —le dije a Paloma—, y yo llamo a un amigo para cenar los cuatro juntos.

La joven, además de guapa, era una gran aficionada a los toros. Mi gran amigo y compañero todavía me da las gracias por haberle presentado a la mujer de su vida, que es la madre de sus hijos: Paloma, Nano y Verónica.

GRANDES RIVALES Y AMIGOS

El ego del torero, por su individual protagonismo frente al toro, por su heroicidad y sus triunfos tan personales, nos impide muchas veces mantener amistades profundas con otros compañeros. Aunque el público establece una competencia entre nosotros, que puede ser buena en el ruedo, no debería llegar más allá de la plaza cuando se trata de una sincera amistad. Sin embargo, Victoriano Valencia y yo hemos mantenido una relación de más de medio siglo. Lo mismo ocurrió con Luis Dominguín, Chamaco, Mondeño, Aparicio y Ángel Peralta.

Alrededor de las figuras del toreo siempre hay una corte de amigos y admiradores formada por grandes aficionados, entendidos, y también personas que buscan estar cerca de los triunfadores: aristócratas, artistas, empresarios adinerados, banqueros, políticos de distintas ideologías, intelectuales... También se cuelan oportunistas, atentos al dinero del torero o interesados en hacer amistades relevantes, más fáciles de conseguir al estar cerca del mundo taurino, que mueve mucho dinero y poder.

Todos los toreros hemos conocido a expertos profesionales del engaño y la estafa, a quienes tarde o temprano se descubre. No obstante, en mi vida hubo muchos más amigos que enemigos; siempre tuve cerca a personas con categoría humana y gran prestigio, tanto social como económico. Muchos me conocieron a través de Luis Miguel, con quien toreaba tantas tardes, y en nuestros encuentros casi diarios me hicieron partícipe de su amistad y afecto. Entre ellos, los Martínez Bordiú, los Villanueva, los Blasco, los Ardiz, los Urquijo, los Garrigues...

Compartiendo con Luis Miguel muchas tardes de corridas y muchos momentos fuera de la plaza, puedo decir con autoridad que Dominguín fue una figura del toreo irrepetible, por su personalidad. Un hombre cabal y un verdadero amigo. Pero los toreros somos competitivos en la plaza, siempre buscando ganar la partida. Sin competencia, el público se aburriría, los empresarios ganarían menos y los toreros nos expondríamos menos. La rivalidad en el ruedo es necesaria para el espectáculo y la fiesta. A pesar de esa competencia, compartimos la grandeza de ser amigos, aunque antes de hacer el paseíllo lo que a mí me pedía el cuerpo era pinchar a los compañeros.

—Te voy a dar un repaso esta tarde, piernas largas —le dije a Luis Miguel en el patio de caballos de la plaza de Mont-de-Marsan.

—Ya lo veremos —masculló entre dientes Dominguín, sin mirarme.

—A ti y a Miguelín —insistí en alto, para que lo oyera también el tercero de la terna.

—Ya se verá... —comentó Dominguín con cara de pocos amigos.

Habíamos llegado el día anterior a la ciudad francesa para torear una corrida del Conde de la Corte, que se suspendió por lluvia. Como ni Luis Miguel ni yo toreábamos hasta dos días después en Pontevedra, decidimos quedarnos en Mont-de-Marsan a pasar la noche.

—Jaime, llama a alguna de tus amigas francesas y las invitamos a cenar —me sugirió Luis Miguel.

—Eso está hecho.

Pasamos la noche con tres amigas en el chalet de una de ellas. Mi hermano Fernando, que me había acompañado, Luis Miguel y yo disfrutamos de la velada. Dominguín se encaprichó con la única mujer con la que yo no me había acostado y, astuto como era, se la llevó enseguida a una habitación aparte. Sabiendo lo mañoso que era Luis Miguel, y más aún delante de señoras, se me ocurrió fingir un apagón.

—No se preocupen, esto es cosa de los fusibles y yo lo arreglo enseguida —aseguró Luis Miguel.

Mientras el «patas largas» se entretenía con los fusibles, yo aproveché para ligarme a la francesa que me gustaba. Cuando Luis Miguel terminó de arreglar la electricidad, yo ya estaba con ella en otra habitación, y él se las arregló con otra, también muy guapa.

Aquella fiesta duró hasta las siete de la mañana del día siguiente. Creyendo que, al haberse suspendido la corrida, tendríamos toda la mañana para dormir antes de viajar a Pontevedra, volvimos al hotel y nos encontramos en la recepción con Ignacio Sánchez Mejías y el padre de Luis Miguel, nuestros apoderados, que nos esperaban con cara de pocos amigos.

—Hemos decidido que Jaime y yo iremos en su Mercedes, y vosotros vais por delante en mi Cadillac —dijo Luis Miguel.

—De aquí no se va nadie —interrumpió mi apoderado—. Ha dejado de llover, la empresa tiene todo el papel vendido, hemos llegado a un acuerdo y la corrida se da esta tarde. Así que iros a descansar, que os esperan dos bichos del Conde de la Corte a cada uno.

Corrimos a la habitación. Poco descansamos, y mucha era la responsabilidad. La corrida no salió buena, salvo el quinto toro, el segundo mío, que se dejó torear. Me quedé quieto y el toro venía y pasaba. Con tan buena suerte que le di una gran estocada y le corté las dos orejas y el rabo. Luis Miguel y Miguelín recibieron sonoras broncas.

—Patas largas, una figura del toreo como tú debe acostarse temprano la víspera de una corrida, para no pegar un petardo como este —le dije al regresar al hotel, con mucho sarcasmo.

—Por lo menos me divertí anoche, pero este que se acostó a las nueve de la noche ha pegado un petardo mayor que el mío —comentó Luis Miguel, señalando a Miguelín.

Una hora después, Luis Miguel y yo nos fuimos juntos en mi coche camino de Pontevedra, como dos amigos, aunque rivales en el ruedo.

También Antonio Ordóñez marcaba rivalidad conmigo sobre el albero, como lo sucedido en la corrida que toreamos en Bilbao en 1959, de la que Luis Miguel se cayó del cartel por estar cogido. Saltaron chispas entre Antonio y yo. Ordóñez dio una vuelta al ruedo con la oreja de su primero; después, llegó hasta mi burladero y me la pasó por la cara con mucha guasa. Quince minutos más tarde, le corté las dos orejas y el rabo al primero de mi lote. En la vuelta al ruedo, lancé a mi peña vasca las dos orejas, reservándome el rabo para cuando llegara al callejón, donde se había escondido Ordóñez, para metérselo entre las piernas.

—Jaime, que Ordóñez es mucho Ordóñez —me criticó su apoderado.

—Y Ostos es mucho Ostos —le contestó el mío.

Dos horas después, al entrar juntos en el hotel Cristina, Ordóñez me dio tal abrazo que me conmovió. Cuando llegué a mi habitación, lo llamé para invitarlo a cenar.

—Los dos solos, Jaime, que me apetece pasar un rato contigo a solas. Así que, si te encuentras con Hemingway, que estará en el *hall*, no le digas nada. Salimos por el garaje sin que nos vean —me dijo Ordóñez, sabiendo que el escritor estaría pendiente tanto de él como de mí.

—Me va a poner fino —le dije a mi apoderado.

—Te va a decir de todo menos guapo —me aseguró Sánchez Mejías—, pero está muy bien que lo hayas invitado y que él quiera cenar contigo a solas.

La cena fue un mano a mano entre compañeros, guardando las distancias porque yo siempre he respetado la jerarquía de un maestro entre maestros, como lo era Antonio Ordóñez, a quien admiraba por su empaque y su torería. Se lo dije cenando.

—Pues quiero que sepas lo mucho que yo te admiro, Jaime, por tu pureza y tu valentía toreando. Además, entras a matar por ley, como debe hacerse, y no se te va ni uno. Pero también eres muy cabrón, muy sincero, con mucho amor propio, y siempre vas a quedar por encima de todos los demás... Haces muy bien, yo también siempre he ido en corto y por derecho. Por todo esto, te admiro —dijo el maestro.

—Antonio, te doy las gracias por tus palabras, pero sobre todo por aprender de lo que tú sabes. Escucharte es oír una lección magistral, tanto como torero como hombre.

—Vamos a brindar, Jaime, por este momento tan auténtico —dijo levantando una copa de vino y criticando que yo brindara con un vaso de agua, que, según él, no daba suerte. Pero yo nunca he bebido vino ni alcohol.

—Por nuestra arrogancia —dijo Ordóñez—, porque los dos andamos *sobraos*. ¡Y suerte mañana en Francia!

Al día siguiente, toreábamos en Bayona: Mondeño, Aparicio y yo. Julio estuvo sensacional, pero sufrió una cogida. Desafió al toro, ciego de coraje, y lo mató en el segundo intento. Le dieron una oreja, que le llevaron a la enfermería donde lo estaban operando. Mondeño, estoico, en su línea, consiguió una oreja por su estocada correcta. Yo estuve mal con los dos de mi lote, y con el toro que tuve que torear de Aparicio, ya que me resultó imposible fijarlo. Era un bicho sin clase ni embestida, que andaba, se paraba, volvía a andar y huía. Al menos lo maté perfilándome con la muleta muy baja, el brazo a la altura del pecho, saliendo de costado, y el toro se desplomó sin puntilla.

En el hotel me esperaban Luis Miguel y sus seguidores, los Blasco y Pablo Picasso, porque dos días después toreábamos juntos, allí, en Bayona. Al verme desanimado por la tarde tan mala, me convencieron para ir a cenar a Biarritz y, de paso, llamé a una amiga para reunirnos más tarde en el casino.

Después de la cena, nos fuimos todos a probar suerte en el casino. Ellos iban perdiendo una fortuna, mientras yo, alejado de la mesa de juego, me animaba con las caricias de mi amiga. Cuando me iba a despedir de ellos, me dieron la última ficha que les quedaba para que la pusiera donde quisiera. Me negué al principio, porque no me gusta el juego, pero tanto insistieron que tiré la ficha. Cayó en el número 32 y la bolita se paró en el 32.

—¡Pleno, Jaime! ¡Has hecho pleno! ¡Viva la madre que te parió, nos has salvado la noche!

La ficha era de 1000 francos, y el premio, de 34.000 francos. Un inesperado golpe de suerte para mis amigos, que quisieron compartirlo conmigo y con mi amiga. Desde allí nos fuimos a celebrarlo a un cabaré cercano al casino. Ya de madrugada, se nos acercó mi apoderado para decirme que nos íbamos a descansar, que me fuera despidiendo de mi acompañante.

—Nosotros nos quedamos —dijo mi amiga.

—No, preciosa, el maestro se va conmigo porque tiene que descansar —contestó mi apoderado, cogiéndome del brazo al abandonar el cabaré y dirigiéndonos al coche aparcado en la puerta.

—Jaime, dile a este señor tan brusco que eres mayorcito y que no tienes que obedecer a ninguna nodriza —dijo mi amiga.

—Pero ¿quién te has creído que eres, preciosa? —gritó cabreado Sánchez Mejías.

—*Oh là là, je suis* Anne Stromber... *Et vous êtes un enmerdeur* («usted es un incordio»).

—¿Yo, qué? Anda, Jaime, despídete de esta...

—Eh, para ahí, que esta señorita no es ninguna cualquiera, es amiga mía —le tuve que decir a Sánchez Mejías, enojadísimo por haberla llamado «nodriza»—. Y ahora déjame despedirme de ella como un caballero.

De regreso a Bayona, le fui contando a mi apoderado que mi amiga era Anne Stromber, exmujer del director de cine francés Roger Vadim, una famosa actriz y una delicia de mujer, que estaba loca de amor por mí. Mantuvimos una relación sentimental importante, aunque intermitente, porque solo nos veíamos cuando yo toreaba en Francia. Unos meses después, Anne se presentó en Sevilla al enterarse de que había sufrido una cornada en una corrida de la Feria de Septiembre. Se desplazó desde París y fue a verme al sanatorio, pero mi madre no la dejó entrar en mi habitación porque estaba conmigo Luchy Contreras, mi novia.

—Si no puedo verlo, quiero que le entregue esta medalla —le dijo la actriz a mi madre.

—Jaime, esto es de una amiga francesa que ha venido a verte, pero no me ha parecido prudente que pasara a la habitación porque Luchy sufre mucho con estas cosas tuyas. Deberías evitarle esos disgustos, hijo, que ya eres un hombre y estás comprometido —me susurró mi madre al oído, mientras yo asentía con la cabeza, pero con la mente puesta en la próxima corrida, que iba a ser en Zaragoza, en la Feria del Pilar. La primera tarde tuve un rotundo éxito, pero en la segunda no pudo ser.

Derechazo extraordinario del matador de Écija, en la Real Maestranza de Sevilla. (Fotografía cedida por Francisco Cano a la autora).

CAPÍTULO 3

Mantenerse en figura del toreo

Si difícil es llegar a lo más alto del toreo, mantenerse en la cima cuesta aún más, porque debes triunfar en cada tarde, compitiendo con las grandes figuras del toreo, que en mi época eran muchas, y lidiando con toros bravos, mansos, con los que se dejan torear y con aquellos que buscan cornear al torero.

Llegué como pilar de la Feria de San Isidro de 1958, junto con Ordóñez, confirmando la alternativa el 17 de mayo, de manos de Antonio Bienvenida, quien me cedió el toro Famosito, de Juan Cobaleda, con Gregorio Sánchez de testigo. Fue una corrida de toros mansos en la que ni resucitando a Guerrita se habría triunfado, ni jugándonosla como lo hicimos los tres matadores. Bienvenida fue volteado y corneado en el cuello; Gregorio Sánchez, muy dispuesto, no se alivió frente a un toro que recibió banderillas negras, y yo, confiado en los dos de mi lote, dejé que los cuernos me pasaran rozando los alamares, pero sin éxito.

Siete días después, el 24 de mayo, formé cartel con Manolo Vázquez y Julio Aparicio, con los Atanasios, que tampoco permitieron el lucimiento. Sin embargo, el primero de mi lote fue sustituido por uno de Dolores de Juana Cervantes, un toro manso que se paraba. Aun así, logré quedarme quieto, engarzando naturales y pases de pecho que calaron hondo en los tendidos, tanto como la ejecución del volapié. Aunque pinché, me pidieron una oreja. Así lo contó A. Díaz Cañabate:

> Jaime Ostos, que tiene en su haber las dos únicas estocadas que se han ejecutado con arreglo a las normas del volapié en la Feria de San Isidro, pinchó, pero se le premió con una oreja por terminar con una estocada perfecta, sin trampa ni cartón.

De la Feria de San Isidro de 1958 guardo el recuerdo de una gran faena de Rafael Ortega a un Pablo Romero y la magnífica estocada que propinó cuando el toro se le arrancó. Ortega se quedó quieto, aguantó y, serenamente, fue al encuentro del toro, dejándolo rodar al suelo. Aquella tarde asistí como espectador desde un burladero en el callejón, y también vi cómo César Girón conquistaba al público de Madrid con su valor, sus recursos, su entusiasmo y su deseo de agradar, cortando dos orejas. Mientras tanto, Ordóñez, a pesar de sus excelentes naturales, por pinchar dos veces solo dio una vuelta al ruedo.

La temporada siguiente me mantuve entre los primeros en número de corridas y triunfos. La cornada en las Fallas de Valencia no me permitió estar en la Feria de Abril, aunque acudí a la Maestranza como espectador. Una de las primeras tardes que toreó Curro Romero, en la corrida de los Peralta, fui invitado por el Camas, quien había tomado la alternativa de manos de Gregorio Sánchez, conmigo como testigo, un mes antes en Valencia. Curro se la jugó toreando con majeza, dejando en el albero pases por bajo asombrosos y naturales desmayados que encandilaron al público sevillano. Si no hubiera pinchado y descabellado dos veces, habría salido por la Puerta del Príncipe, la que abriría muchas veces a lo largo de su carrera. De aquella tarde, también recuerdo otra faena de puerta grande: la de Rafael Ortega y su lección magistral de cómo se debe matar un toro.

De las enseñanzas de Rafael Ortega aprendí a matar dándole todas las ventajas al toro y con el pecho, como la estocada que propiné en Toledo, el 28 de mayo de 1959, a un toro de Antonio Pérez, después de una buena faena con la que le corté las dos orejas. El segundo de mi lote me cogió, me revolcó en la arena; me levanté con la cara ensangrentada, pero me negué a ir a la enfermería. Entré a matar, pinché, y el toro salió atropellando a Bienvenida, que estaba a mi lado. El drama se apoderó del ruedo y de los tendidos hasta que terminé con el animal de una estocada. Me llevaron a la fuerza a la enfermería, semiinconsciente, mientras les decía a mis banderilleros que no quería agua.

—Quitadme el vaso de agua, no quiero más agua.

—Maestro, no es el vaso, ¡es que está diluviando! —decía el Vito a gritos, llorando y cubriéndome la cara con su montera, mientras en los tendidos la gente pensaba que ya estaba cadáver.

Mantenerse como figura del toreo implica demostrar cada tarde ambición y maestría frente al toro, junto con un batallón de toreros valientes, artistas, codiciosos. Allí estaban Gregorio Sánchez, Chamaco, Miguelín, y se iban abriendo paso con fuerza Camino, el Viti, Puerta...

A aquel Diego Puerta valiente, alegre y sereno, en una larga de rodillas a portagayola en Pamplona, un toro de Garcigrande lo cogió al entrar a matar, pero le llevaron las dos orejas a la enfermería. Lo recuerdo toreando el de Miura en Sevilla, en la feria de 1960, de nombre Escobero, que mató un caballo en la suerte de varas. Peligroso y mansurrón, el toro se paraba y miraba mucho al torero, pero Puerta, osado, empezó su faena de muleta con una serie de tanteo. Aunque lo prendió por la cintura, sin mirarse siquiera, siguió con una serie de derechazos apretados, después por naturales, y nuevamente el toro lo cogió por la cintura, dándole una voltereta. Lo dejó embarrancado de arena y sangre del toro, tirado en el suelo, mientras el público, angustiado, ovacionaba al diestro. Puerta se levantó casi roto, pero crecido de valor. Allí mismo cuadró al toro, le hundió el estoque y el animal cayó sin puntilla.

Presencié aquella corrida desde mi barrera, y allí mismo me dije que, dos días después, en el mismo ruedo, me jugaría la vida para estar, como mínimo, a la altura de Puerta.

—Jaime, no cometas una locura —me dijo mi apoderado en el callejón, sabiendo lo que había prometido y conociendo mi amor propio—. Jaime, estamos en Sevilla, pero no te sientas obligado a dejarte la piel esta tarde, tienes otras tres por delante.

Iban conmigo en el cartel Manolo González y Curro Romero, que habían cortado una oreja cada uno. En mi primer toro, el animal no quiso saber nada de capotes, banderillas ni muleta. No pude hacer nada, pero en el segundo me sentí con la obligación y el pundonor de estar a la altura, a pesar de que el toro era muy peligroso.

—Mala suerte, el animal sabe más latín que un fraile viejo —dijo mi apoderado—. No te empeñes, Jaime.

Para colmo, saltó un aficionado al ruedo y le dio unos capotazos desordenados, lo que hizo que el toro aprendiera más, y para mal. Mostró una mansedumbre exagerada en el capote, tanta que ponerlo en la suerte de varas fue un problema, porque se rajaba. Banderillearlo fue aún peor, así que, cuando cogí la muleta, estaba decidido a demostrar quién sabía más, si el toro o yo. Le di unos pases por alto; después, una tanda de redondos, y, a base de someterlo con temple, estalló la primera ovación.

Con la izquierda, el animal se me iba abajo, así que pisé sus terrenos, le enseñé la femoral en cuatro naturales y terminó embistiendo sin quererlo.

—¡Jaime, no, ahí no! —gritaba mi apoderado desde el callejón—. ¡Jaime, déjalo!

Yo solo veía al toro y al público gritando ¡olés! Seguí por naturales, redondos, de pecho, ayudados, desplantes... Mientras tanto, José Ignacio hacía una promesa en el callejón:

—Si no lo coge, dejo de comer huevos durante seis meses —prometió mi apoderado, al que llamaban Huevo Frito por lo mucho que le gustaban.

Le arranqué al toro los pases que no tenía, a base de temple y valor. El periódico *ABC* se hizo eco en sus crónicas de lo sucedido aquella tarde:

> Manolo González y Romero cortaron orejas a dos toros bravos que embestían, pero Ostos tuvo en su lote dos rinocerontes a los que dominó y templó con torería. Lástima que pinchara y no cortara pelo, con lo bien que nos tiene acostumbrados a matar. Pero cuando se calme la pasión momentánea por las orejas de sus dos compañeros, la gente comentará que esta tarde, en la Maestranza, solo hubo un torero en el ruedo: Jaime Ostos.

—Jaime, la que hubieras armado si te toca el lote de Curro... —me decía Sánchez Mejías mientras cenábamos y él miraba la tortilla de patatas que le ponían en el plato.

—¡Alto, que me han dicho que hiciste una promesa de no comer huevos! —le recordé a mi apoderado.

—Prometí no comer huevos fritos, pero esto es una tortilla de patatas, Jaime. No seas duro conmigo, que voy a estar seis meses sin probarlos por haberte jugado la vida esta tarde.

La tauromaquia se agotaría si no hubiera héroes en el ruedo que se jugaran la vida por pundonor, por exceso de confianza y por una seguridad que se adquiere a medida que vas dominando a los toros. Esto a veces te lleva a pisar terrenos en los que solo caben los pitones, que rozan el cuerpo.

En la temporada de 1960 toreé treinta y siete corridas de toros con Luis Miguel Dominguín, que estaba, como Ordóñez y como yo, en un momento de dulce. Toreamos juntos la corrida de la Beneficencia en Málaga, donde los cuñados tuvieron un éxito apoteósico, saliendo ambos por la puerta grande. Yo no tuve suerte esa tarde, pero dos días antes el que había salido a hombros fui yo.

—No te descuides, niño —me dijo Luis Miguel después de su tarde triunfal, para provocarme y sabiendo que sus palabras me servirían de motivación.

Al año siguiente volvimos juntos en un cartel de la Feria de Málaga con Ordóñez, pero Antonio estaba convaleciente de una cornada y no pudo torear. Toreé tres tardes con Luis Miguel: una con Gregorio Sánchez, otra con Camino y una más con Puerta. Me llevé todos los trofeos de la feria, lo mismo que me había llevado los más importantes de la Feria de San Isidro en Madrid.

También obtuve todos los premios de Bilbao por la faena que le hice a un toro de Atanasio, de la que muchos aficionados todavía se acuerdan. Así lo narraba *El Ruedo*:

> Ayer en Bilbao, Jaime Ostos realizó a un toro de Atanasio una de las faenas de muleta más prodigiosas del toreo. Era un toro literalmente embrujado por el hombre, que embestía y volvía a embestir con el morro bajo, acariciando la arena, siguiendo una tela roja y a una figura vestida de azul pavo y oro. La masa negra, la tela roja y la silueta de azul y oro componían una geometría que se hacía y deshacía con angustiosa lentitud, y se volvía a componer con precisión matemática. Se abría como una flor monstruosa que respiraba con el flujo y el reflujo de un mar inmortal. Después Ostos se perfiló para matar, agotado y ebrio de gloria. Quería matar demasiado bien, porque era quien mejor mataba, pero estuvo desafortunado con el estoque ayer. Sin cortar orejas, le obligaron a dar dos vueltas al ruedo.

—Ha sido la faena de la feria, y sin matar bien, siendo el mejor estoqueador del momento —dijo Chopera—. Yo tenía en mi memoria la mejor faena de Bilbao, que era una de Belmonte. Ahora tengo dos: la de Belmonte y la de Ostos —continuó diciendo Chopera.

Durante dos temporadas, desde abril hasta octubre, todo lo que sucedía en los ruedos lo dejó plasmado Jean Cau, extraordinario escritor francés y aficionado a la fiesta, en *Las orejas y el rabo*, Premio Goncourt. En su obra, relata con extraordinaria prosa sus vivencias con los toreros y con el arte de la lidia del toro.

—Si el toro es bravo, Jean —le decía mi banderillero, el Vito, al escritor—, el torero debe espatarrarse delante de él, doblarse con él en pases ayudados por bajo, para después torearlo con temple. Hay que lidiar al toro para quitarle genio y dominarlo, así se le facilita la embestida y se la dirige por donde quiere el torero, para después templarlo y ligar los pases, dando continuidad a la faena. Eso es torear, *monsieur* —afirmaba mi gran banderillero.

—Si el toro es manso, escarba, acecha y arremete con estrépito. Hay que dominarlo tirando de él, porfiarse para sacarle media embestida y, si gazapea por dentro, sacarlo a las afueras, cambiándolo de tercio. No hay que pararse, para que no tropiece con el torero —seguía aleccionando el Vito al escritor.

—Si el diestro sabe para qué sirve la muleta, hace pasar al toro tardo tirando mucho de él, arrimándose con vergüenza torera, acortando distancias y pisando sus terrenos —insistía el Vito, y Jean Cau lo relata atinadamente en el libro, incluyendo además sus impresiones personales.

Me han preguntado muchas veces qué es para mí el toreo, y siempre respondo que es la sincronización de una sucesión de pases con el engaño que lleva el torero en la mano, junto al toro que embiste:

—¡Vamos, toro! —lo incito, lo espero y me lo paso muy cerca, sin mover las zapatillas del suelo—. ¡Vamos, vamos, toro! —repito, y lo templo con la muñeca, con una cintura armónica, acompasadamente...

Así ocurrió un lunes 30 de abril en Sevilla, con un toro de Arellano Gamero Cívico, cuando por primera vez se transmitió en directo una corrida desde la Real Maestranza sevillana. *El Ruedo* dio buena cuenta de ello:

> En el cartel, Jaime Ostos, Curro Romero y Paco Camino. Lleno total y no hay billetes. Ostos por delante, recientemente testigo de la alternativa de Curro Romero, que la recibió de Gregorio Sánchez, y también hacía dos meses había sido padrino de la de Paco Camino, con Mondeño de testigo en la plaza de Valencia. Recibió a su primero con una tanda de lances a compás abierto; le hizo una faena de muleta ajustada con pases por alto, derechazos suaves y mandones, y una larga serie templada y expuesta de naturales, antes de un volapié soberbio que le valió la oreja. En su segundo, que no pasaba sino a duras penas, se quedaba delante del cuerpo del torero, que supo encelarlo en dos series con la zurda. Con la estocada, otro enorme volapié y otra oreja.

Al día siguiente, 1 de mayo de 1960, con toros de Alipio Pérez Tabernero, compartí cartel con Puerta y el Viti.

> Ostos ha revalidado su gran jornada anterior con dos faenas completísimas. A ambos les hizo quites con majeza, y sus faenas de muleta han estado cortadas por las mismas tijeras: la del valor y del dominio artístico. Ostos, luchador, pundonoroso, técnico y artista.

En mi tercera tarde compartí cartel con Curro y el Viti, con toros de Peralta:

> Jaime ha estado como un torero grande. En el primero hizo una gran faena con la derecha, venciendo la polvorosa arrancada del enemigo, consintiéndole. La excelente faena se produjo en el cuarto toro, a pesar de que, al iniciar el trasteo con estatuarios, sufrió una escalofriante colada que no solo no amilanó al torero, sino que lo estimuló en la pelea. Toda la faena fue lograda con la mano izquierda, extraordinaria en calidad y cantidad de naturales templadísimos, de gran pureza y ovacionadísimos. Y el volapié, una vez más, sencillamente soberbio. Jaime dio la vuelta al ruedo con las dos orejas ante el clamor del público.

Me llevé todos los trofeos de la Feria de Sevilla; entre ellos, los que más apreciaba: la Oreja de Oro y el premio del *Diario de Sevilla*. Salir dos tardes seguidas a hombros por la Puerta del Príncipe es un recuerdo imborrable.

Llegué a Madrid con tres corridas de toros. En la del día 16, con toros de Galache, junto a Aparicio y Camino, salí con tres orejas por la puerta grande. En la del día 17, con toros de Pablo Romero, alterné con Bienvenida y Ordóñez. Y en la del día 23, con toros de Atanasio, con Aparicio y Andrés Vázquez.

> Dicen que Ostos está encelado y en un momento envidiable. Hoy ha triunfado, y quien diga lo contrario está ciego o es un embustero. Con el primer toro ha dibujado media docena de naturales de órdago a lo grande. Aguante, sí, señores, aguante, temple y mando. Y dos orejas en el primero. En su segundo, un toro astifino con el pitón izquierdo mirando al cielo, impresionó al público por su pelea en el caballo. Ostos, con buena pupila, se dio cuenta de que era un bombón por el derecho, y se hartó de pasarlo con la muleta muy baja, muy templada y lenta. Media estocada en su sitio y el toro cayó sin puntilla. Le pidieron la oreja, otra más al talego.

Estas fueron las palabras de Guillermo Carbajal al respecto: «Jaime Ostos esta tarde ha sido Júpiter sin rayos. Le llaman Jaime I el Campeador. Callad, el rey reposa en los laureles. Jaime Ostos, corazón de león, sale por la puerta grande de Las Ventas».

En el hotel Wellington, al día siguiente, estaba leyendo estas crónicas taurinas en la *suite* que tenía siempre reservada en el hotel que era mi segunda casa, cuando apareció Tico Medina para hacerme un reportaje.

—Maestro, vaya temporada que lleva. Dicen que está usted encelado y en un momento extraordinario —me dijo a modo de saludo el gran periodista al entrar.

—Así es, Tico. Me encuentro en un momento de dulce. A ver si Dios quiere y siguen así las cosas.

—Maestro, me han dicho que el papel está vendido para la corrida de esta tarde, y no sabe cómo están las entradas de reventa.

—La expectación es grande. El cartel con Aparicio y Andrés Vázquez, y con los Atanasios, es de lujo. A ver si hay suerte esta tarde.

—Le gusta matar bien y por derecho, maestro. Y más en Madrid.

—Tico, matar un toro bien en Madrid es primordial. Vamos, que en cualquier plaza es importante, pero en Las Ventas más, porque el público es muy sabio, y Madrid es la catedral del toreo.

—Maestro, preguntan por usted los de su peña de Bilbao, los de Valencia, los de Vitoria... Está el pasillo que no cabe un alfiler. ¿Qué les digo? —preguntó el mozo de espadas.

—¡Que pasen todos, mi arma! ¿Qué les va a decir? Que entren, Chamorro, hazlos pasar.

—Pero, maestro, lleva toda la mañana recibiendo a aficionados e incluso azafatas de Palma de Mallorca. No ve que faltan pocas horas para que se vista de luces... Debería descansar un rato —insistió el mozo.

—Sabes que a mí me relajan las visitas, porque además me evito pensar en la corrida.

—¿Ese es el traje que vestirá esta tarde? —preguntó el periodista, mirando el vestido que colgaba de una butaca en un rincón de la habitación.

—Así es, un vestido nuevo en el que he diseñado yo mismo los bordados, y otros seis más para esta temporada.

—Un artista, eso es lo que eres —afirmó mi apoderado al llegar a la habitación—. ¿Y esto qué es, maestro? Esto parece la presentación de un perfume de Loewe. Está todo abarrotado, que vayan despejando la plaza tus peñas, Jaime. Además, están esperando para entrar Atanasio y las dos hijas del ganadero, Mari Nati y Pilar, que quieren darte un beso y desearte mucha suerte.

—Tranquilo, que estos ya se van. ¡A ver, que entren las dos niñas más guapas de Salamanca y ganaderas de postín! —dije, adulador, al recibir a Atanasio y a sus hijas.

—¿Te han dicho cómo es la corrida, Jaime? —preguntó el ganadero—. Bonita, bien armada, bien presentada. Te gustará.

—Si embiste, me gustará, ganadero. Ya me ha contado la cuadrilla que viene bien de peso, con mucho peso...

El primero de mi lote fue devuelto a los corrales por ser manso y parado. Lo sustituyó un hermano igualito, al que conseguí desentumecer las patas y hacerlo andar. Se vino arriba, fue al caballo y lo derribó, pero luego salió suelto. Pedí el cambio equivocadamente, porque no estaba ahormado y me quería comer en la faena de muleta, con la carita alta, embestidas cortas y parones. Aquello solo se arreglaba comiéndomelo yo al toro, y con la izquierda casi me lo comí a base de aguantarlo. Recibí una ovación enorme del público.

No se dio bien la tarde, pero el ganadero había organizado una cena en mi honor allí mismo, en el hotel Wellington, y asistí bastante bajo de ánimo hasta que apareció por allí Luis Miguel con dos amigas.

—La que más te guste para ti, niño. Después de la cena nos vamos a El Duende, que he quedado allí con Lola Flores y unos amigos —me dijo Dominguín.

Aunque no tenía el cuerpo para juerga, terminó convenciéndome y me sacó de la cena, para disgusto de una hija del ganadero presente.

—Jaime, no te vayas tan pronto —me dijo Mari Nati.

—Mi amor, me retiro a la cama porque estoy muy cansado —le respondí al despedirme, mientras Luis Miguel tiraba de mí.

Aquella noche no fue de juerga ni de amores; tanto Luis Miguel como yo entramos en un bucle de conversación honda y profunda sobre nosotros mismos, como si nos estuviéramos confesando al compás de la guitarra del gran Antonio, marido de Lola Flores. Lo mismo nos castigábamos con reproches a nuestro ego —una mierda de ego, por ser solo producto de la admiración del público en el ruedo— como nos vanagloriábamos de ser los más afortunados del planeta por tener a nuestro alcance lo que nos pidiera el cuerpo. Nos contradecíamos, sí, pero ahí seguíamos, subidos en el pedestal de la fama y la gloria, sirviendo al público en bandeja también nuestras bajezas humanas, nuestras infidelidades…

Los toreros que he conocido, y son la mayoría de mi época, yo mismo por delante, hemos sido infieles a las mujeres que amábamos. Tal vez por estar más predispuestos a la infidelidad, o porque son muchas las mujeres que se sienten atraídas por el hombre que torea y triunfa, o por ambas razones. Nos sentimos capaces de amar profundamente a una mujer y, al mismo tiempo, sentirnos atraídos por otra.

Algunos médicos han señalado que el exceso de testosterona hace que la mente de un torero sea sumamente protectora con la familia y con su cuadrilla, pero también que seamos capaces de hacer dos cosas al mismo tiempo. Así como coqueteamos con la vida y la muerte, lo hacemos con dos mujeres a la vez, como si el amor y la fidelidad fueran un cóctel imposible.

Al público siempre le han gustado los gestos de virilidad del matador, esos centímetros de más de atrevimiento y arrogancia, porque admiran lo que a ellos les gustaría poder hacer, pero no pueden o no deben. Sin embargo, también nos critican por nuestras bajezas y las utilizan para amenizar su rutinaria fidelidad. Muchos aficionados tratan de escapar de la normalidad acompañando al torero en las tardes de gloria, compartiéndola con el maestro en la fiesta de celebración después de la corrida.

TARDES Y NOCHES INOLVIDABLES JUNTO A LUIS MIGUEL

Son muchas las tardes de triunfo que hemos festejado a lo grande, como la que ocurrió después de torear en El Puerto de Santa María, donde Luis Miguel y yo salimos por la puerta grande. Días antes, en Jerez, lo mismo. Celebramos esos triunfos en compañía del Gordito de Triana y sus guitarristas, hasta la medianoche, cuando el imprevisible Dominguín nos propuso continuar la celebración en Madrid. Nos fuimos un grupo de diez o doce personas al aeropuerto, subimos al avión particular de un amigo y llegamos de madrugada a la sala de fiestas madrileña El Duende, para seguir disfrutando de buen flamenco. Horas después, Luis Miguel nos dio un comunicado:

—Señores, dentro de una hora estaremos todos en Barajas rumbo a París. Nos invita a comer el dueño del cabaret Folies Bergère, donde esta noche actuaremos.

Desde la sala nos fuimos al aeropuerto tal como estábamos, sin equipaje ni nada. Almorzamos en París y nos instalamos en el hotel George V, compramos algo de ropa, productos de aseo y fuimos directamente al cabaret. Después del magnífico *ballet* de señoritas, nos presentaron y salimos a actuar con el grupo de flamenco que nos acompañaba: el Gordito de Triana, sus hermanos, las dos flamencas del cuadro, Luis Miguel, Guardiola, Cristóbal Martínez-Bordiú, Urquijo y yo, en el escenario. Por bulerías y por fandangos, armamos un *show* tan bueno que la gente aplaudió más que a las *vedettes*. Fue tal el éxito que el dueño del Folies nos contrató por una semana, pagándonos el hotel, los gastos y mil pesetas para cada uno. Por allí pasó lo más selecto y de moda de París, gracias a las amigas de Luis Miguel y las mías... Fue una semana loca.

Por entonces, yo había iniciado mi noviazgo con Consuelo Alcalá, y Luis Miguel estaba casado con Lucía Bose, aunque atravesaban sucesivas crisis matrimoniales. Ninguno de los dos echaba cuenta, porque vivíamos el presente como un momento irrepetible. Otras tardes no se daban bien y nos quedábamos solos en el hotel de turno.

—Jaime, nos jugamos la vida muchas tardes, ¡coño! Que la muerte nos importa una mierda, y por eso nos admiran. Disfrutemos de la vida.

—Sí, Miguel, estoy de acuerdo, pero hoy me he equivocado con el toro. Tenía otra vara y tenía que haberlo visto...

—Niño, no seas más pesado con el astado de Atanasio y su puta madre. Estamos en lo que estamos, Jaime. Nos jugamos la vida cada tarde —me insistía Luis Miguel—. Tenemos que disfrutar de lo mucho que nos da ser figuras del toreo y olvidar estas malas tardes. Mañana habrá otra... Tú estás en los comienzos de la fama y la gloria, pero yo llevo en esto desde 1945. Ya tengo bien digerida tanto la cara como la cruz de la moneda. Desde que quise ponerme por delante de Manolete hasta hoy, son muchos años. Ya tengo asimilados tanto los aplausos como los abucheos. Hay que disfrutar del momento, porque dentro de unos años, cuando lleves en esto lo que yo, pensarás más en la retirada. Te preguntarás si lo más inteligente sería irse ya, porque llegan nuevos toreros, nuevos ídolos, como es tu caso ahora, haciéndome competencia y ganándome la partida tantas tardes... Esto es una cabronada que uno no sabe cómo resolver, Jaime...

—Vamos, Miguel, que tú sigues estando en un gran momento para torear lo que te convenga, y para distraerte en lo que te plazca, porque todo te lo has ganado a pulso.

—Sí, pero hay días en que estoy harto. Harto de mí y más harto de los demás, de los que dicen que toreo porque estoy arruinado, de los que piensan que soy como Onassis y me atribuyen lo que no tengo... Mucho ojo, Jaime, con los que opinan sin saber nada de uno, y también con uno mismo, porque uno debe saber distinguir entre la realidad y la fabulación.

Me encantaba escuchar al Luis Miguel hombre, compañero y amigo, tanto como verlo torear. Yo sabía que no se retiraría tan pronto.

—Torearé mientras tenga deseos de hacerlo, Jaime. De momento, aquí estoy, porque tú me motivas mucho cada tarde que toreamos juntos y me pones muy alto el nivel, que es lo que necesito para seguir vistiéndome de luces.

Abandonamos otra noche más El Duende al amanecer. Primero dejamos a las señoritas, que se habían aburrido una *jartá* con nuestra honda conversación, y después Cristóbal nos fue dejando en nuestros domicilios. A mí me llevó al hotel Wellington y, al despedirme, me dijo que quería invitarme a una cacería para que compitiera con su suegro, el generalísimo Franco, quien me admiraba mucho desde que me vio torear la temporada pasada en San Sebastián, y con quien una mañana había desayunado a solas, en pijama. El caudillo me había prometido invitarme a una cacería.

—Le he dicho al generalísimo que con la escopeta eres mejor aún que toreando, para que se acojone...

—Según se dé el día, Cristóbal —le respondí.

—Franco tira muy bien y le gusta competir con los buenos. Bueno, ya lo verás. Te llamaré para concertar el día.

DESAYUNO CON FRANCO EN PIJAMA

El verano anterior había conocido al general Franco en San Sebastián, en el palacio de Ayete, donde pasaba el mes de agosto con su familia. Una mañana, Cristóbal Martínez-Bordiú me invitó a salir a navegar con su barco y quedamos en vernos en su residencia. Mientras lo esperaba en un salón, tomando un café, vi aparecer a Franco en pijama.

—Hombre, Ostos, qué sorpresa verle por aquí —me dijo el caudillo.

—Buenos días, Excelencia. He venido a buscar a Cristóbal —contesté.

—Ya me ha dicho que van a salir un rato a navegar. Estupendo, no todo va a ser torear… ¡Por cierto, estuvo usted muy bien ayer! Y gracias por el brindis… Yo pasé miedo, Ostos, ¿usted no?

—Más que miedo, responsabilidad, Excelencia.

—Ya me han dicho que es usted muy valiente… Ah, y aficionado a la caza, que es muy buen tirador. Le voy a decir a Cristóbal que le invite a una cacería para que demuestre sus habilidades como montero. Ya procuraré que tenga un puesto cerca del mío para comprobarlo. Como torero, está usted muy reconocido por los entendidos… Yo no soy buen aficionado, pero cuénteme, ¿qué se siente jugándose la vida delante de un toro, Ostos? —me dijo, dándome a entender que no sabía mucho del tema, pero que le interesaba la emoción del toreo.

Estuve charlando a solas con Franco casi una hora. Me hizo sentir muy cómodo, no sé si porque con pijama no imponía, o porque realmente era un hombre tan normal como los demás: sencillo, simpático, se reía abiertamente con mis anécdotas, atento y mostrando mucho interés. En eso apareció su yerno y me levanté para irnos.

—Esperad un poco, Cristóbal, es muy pronto y me lo estoy pasando muy bien con Ostos, escuchándolo.

—¡Excelencia, pero si a usted no le gustan los toros! —dijo Cristóbal.

—Que nos sirvan otro café. Me interesa mucho lo que me está contando Ostos sobre su vida, los triunfos de los matadores, cómo es un toro bravo… ¡Ande, siga contando!

Transcurrió otra hora más, hasta que Cristóbal cortó la entrevista porque el generalísimo seguía encantado conmigo y no quería que nos fuéramos. Al despedirnos, me aseguró que nos veríamos las caras en una cacería.

—Le demostraré que soy mejor que usted, Excelencia.

—Ya veo lo chulo que es Ostos —le dijo a Cristóbal—. Veremos quién es mejor con la escopeta.

Aquel invierno le di un repaso al caudillo en dos cacerías en la finca del ministro don Manuel Arburúa, en presencia de todos los invitados: los Blasco, los Candarlas, Jardón, los Mora-Figueroa, el marqués Juan Manuel Urquijo, Jaime de Foxá, Domecq, el marqués de Comillas… Se quedaron sorprendidos cuando vieron que su Excelencia me regaló uno de sus perros. Las fincas de caza y las monterías son un lazo social muy interesante para hacer amigos y negocios. Por cierto, en la siguiente temporada le brindé un toro en Barcelona al ministro Arburúa, y en agradecimiento me dijo que quería hacerme un regalo útil, que no fuera un reloj, porque tendría de sobra, ni un encendedor de oro, porque no fumaba. Le pedí que me firmara el primer permiso de importación para comprarme el Mercedes que había visto por la mañana en la exposición del Real Club del Automóvil. Unas semanas después lo tuve, concedido por Arburúa, que era ministro de Comercio, y enseguida adquirí el coche que tanta ilusión me hacía y que era importante para hacer con comodidad y placer los viajes por toda España.

Meses más tarde, los señores Candarlas me invitaron a una montería en su finca, el castillo de Higares, en Mocejón, Toledo. Pedro Candarlas, dueño del Banco Urquijo, me llamó por teléfono para que recogiera en mi coche al ministro de la Gobernación, don Camilo Alonso Vega, y a su esposa, doña Ramona.

—Pedro, he quedado en recoger a Luis Miguel para ir los dos en mi Mercedes...

—Pues cambiad los planes y venid en el Cadillac de él, porque tenéis que traer al ministro y a su esposa, y también vendrá su secretario. En el Cadillac cabéis todos.

Le anuncié a Luis Miguel el cambio de planes y, al día siguiente, a las ocho de la mañana, recogimos a los Alonso Vega y al secretario. El chófer de Luis Miguel se puso al volante; el secretario del ministro, al lado del chófer; en los transportines nos sentamos Luis Miguel y yo, y detrás estaban don Camilo y doña Ramona. Íbamos por el paseo de la Castellana y, al llegar a Cibeles, el chófer se saltó el semáforo en ámbar. El guardia de tráfico llegó de inmediato a detenernos, enzarzándose en una discusión con el chófer y pidiéndonos los DNI. Pero enseguida nos reconoció a Luis Miguel y a mí, y nos pidió un autógrafo.

—¡Pero, por Dios, si están aquí mis toreros favoritos! ¡Qué alegría, soy muy aficionado y partidario de los dos! —exclamó alborozado el guardia de tráfico, quien de inmediato cambió de actitud. Le pedí que nos escribiera su dirección para enviarle una foto nuestra dedicada. La escribió en el papel de la denuncia, lo dobló y me lo entregó. Nos despedimos de él, todos contentos, salvo el señor ministro.

—Ostos, ¿quiere hacer el favor de darme el papelito que le ha entregado el guardia? —dijo don Camilo Alonso Vega.

—No, señor ministro, este papelito es mío, me lo quedo para enviarle al guardia nuestras fotos —contesté.

—Ostos, le repito que me dé ese papelito. Es la denuncia, y ya me encargaré yo del guardia de tráfico.

—No insista, ministro, no se lo voy a entregar —repetí, mientras Luis Miguel le hacía señales con el dedo de que no.

—Pero ¿quién se creen que son?

—Excelencia, ni más ni menos que Ostos y Luis Miguel Dominguín, ¿le parece poco? ¡Nos han quitado la denuncia por ser quienes somos! Ya ve usted, ministros hay y habrá muchos, pero Ostos y Dominguín, solo los que van aquí.

Se hizo un silencio sepulcral. Durante el trayecto a la finca, el ministro no pronunció palabra, mientras Luis Miguel y yo no paramos de hablar de diversos temas hasta llegar al castillo de Higares, donde nos esperaban los dueños e invitados con impaciencia. Después del recibimiento, tuvo lugar el sorteo de los puestos, del que me alejé para saludar a las encantadoras señoras que me rodeaban. Desde los puestos tan cercanos que nos tocó al ministro y a mí, lo oía enfurecido cada vez que mi perro recogía mis perdices.

—¡Le voy a pegar un tiro a su perro, Ostos! —amenazó el señor ministro a gritos.

—Quítese esa idea de la cabeza, no sabe usted la procedencia de mi perro. ¿Quiere saberla? —le dije bien alto.

—¡Me importan dos cojones quién le ha regalado el perro!

—El perro me lo regaló su Excelencia, el generalísimo. No creo que usted quiera pegarle un tiro.

Después de unos segundos de silencio, se oyó detrás de mí:

—¡Chulo! Hay que ver lo chulo que es ese Ostos —pronunció el ministro malhumorado.

EL ENCONTRONAZO CON PACO CAMINO

Aquel Ostos no era un chulo, era una figura del toreo con veintisiete años, pundonor, temperamento y sobrado de valor, como mis compañeros. Un ejemplo claro: quise tirar a Paco Camino desde el balcón de la planta diecisiete del hotel Tequendama, en Bogotá, por borracho, descarado e insolente. Pero no fue por chulería, sino por orgullo. Los toreros también cometemos errores, yo más que nadie, pero nunca he ridiculizado a nadie, y mucho menos a un compañero. Aquel día me lo hizo Paco Camino…, y por poco me lo cargo.

—Ahí está sentado el que se deja matar en el ruedo —dijo Camino, borracho, al entrar en el salón y verme con Manolo Lozano. Nos hicimos los sordos, pero volvió a insistir, y sus palabras fueron a más.

—Ahí está el valiente, cosido a cornadas —siguió, atrayendo la atención de todos los que estábamos en la cafetería. Insistió de nuevo—: Vamos, valiente, saluda a tu ahijado.

Me levanté de mi butaca como un león herido. Me fui hacia él, lo agarré por la cintura y, si no llega a ser por Lozano, que me detuvo, lo habría lanzado a la calle desde la ventana.

—Eres un hijo de puta, cobarde y borracho. Tú te juegas la vida lo mismo que yo. Me intentas ridiculizar porque no tienes los cojones que yo tengo… Cobarde, borracho, no tienes respeto a nada ni a nadie. Y a mí me debes un respeto. Soy tu padrino de alternativa; tú le pediste a los Chopera que yo te la diera porque querías que fuera el torero más puntero del momento, es decir, yo. Me elegiste, pedazo de cabrón, beodo de mierda, que no sabes ir por la vida sin *jartarte* a copas. Miserable… —le dije a la cara delante de toda la concurrencia.

Al día siguiente nos cruzamos de frente en el *hall* del hotel. Iba acobardado, bajó la cabeza y desapareció. No tuvo cojones para pedirme perdón hasta por la noche, cuando también harto de copas se me acercó y se disculpó.

Admiro a todos los toreros, y mucho más a los que he dado la alternativa, como a Camino, a Palomo Linares..., o aquellos de los que he sido testigo, como Curro Romero, a quien además adoro como amigo. De Camino siempre diré que ha sido una grandísima figura del toreo, un maestro de la tauromaquia, pero como persona no le tengo aprecio. Nunca ha sido leal conmigo, tal vez por sentirse acomplejado al haber llevado a su padre de banderillero en mi cuadrilla hasta que lo despedí, porque quería tener la mejor cuadrilla, y él no estaba a la altura de Vito, ni de Luis, ni de Pepe. Se lo expuse con sinceridad a Paco, pero no lo entendió, y también se encrespó conmigo durante una temporada, fuera del ruedo, por compartir esporádicamente una novia que tenía..., hecho del que tardó en enterarse. Quizá solo sean bobadas que pasan.

En el toreo, la hombría se mide en pundonor, en coraje, sin confundirse con ser muy macho. Porque hay un torero, uno que yo sepa, que nunca presumió de esto último, y ni falta que le hizo, para ser un maestro de la tauromaquia: hablo de Mondeño. A Juan García Mondeño le sobraba valor y torería en cada pliegue de su piel, aunque fuera homosexual. Tenía un pundonor y un arrojo que desafiaba al toro más cerca que nadie, con una quietud y un temple inmensos, como lo había hecho Manolete y como después lo harían Paco Ojeda o José Tomás. Mondeño se quedaba tan quieto y tan cerca delante del morlaco que hacía estremecer de miedo a los tendidos.

CUANDO CONOCÍ A MI PRIMERA ESPOSA

Mi exmujer, Consuelo, cuenta que, cuando me conoció, quedó impactada, deslumbrada y seducida por el torero que estaba en la cresta de la ola del mundo taurino, y se dio cuenta de que yo también quedé prendado de ella. Después de mi triunfo en la plaza, ella fue al hotel donde me hospedaba para agradecerme el brindis, y allí, delante de todos, le dije que quería casarme con ella. Seguramente fue así, porque los toreros solemos ser así de arrogantes.

Reconozco que me gustó conquistarla, y no paré de insistir en enamorarla con llamadas, regalos y palabras bonitas que entonces sentía. Sin embargo, una vez casados, me di cuenta de que nuestra relación era insostenible: ni era la mujer de mi vida, ni yo el hombre de la suya.

Ni siquiera con el nacimiento de nuestros hijos, Gabriela y Jaime, mejoró nuestro matrimonio. En aquella época, separarse era complicado, y divorciarse, enormemente difícil, así que mantuvimos las apariencias durante siete años. Finalmente conseguí el divorcio aceptando estrategias falsas sobre mi conducta, todas en mi contra, pero necesarias para lograrlo.

De aquella boda recuerdo que fue un espectáculo social en Sevilla, en la iglesia de la Macarena, y que la celebración en Pino Montano fue impresionante, con la presencia de los Martínez Bordiú, los Ardiz, los Urquijo, los Blasco, los Villalonga, los Domecq, los Guardiola, los Dominguín, los Vega, los Sánchez Mejías, los Bohórquez, los Alcalá y los Ostos. Fueron dos días de fiesta al ritmo de la orquesta brasileña Orfeo Negro y del mejor flamenco de Jerez.

De aquel matrimonio nefasto y nuestra imposible convivencia, lo único bueno fue el nacimiento de mis hijos. Lamentablemente, he tenido poco contacto con ellos. El poco trato que hemos mantenido se lo debemos a mi mujer, María Ángeles, que ha intentado acercarnos a pesar de los comportamientos inaceptables de estos. Ella los ha llevado a casa sin mi permiso. ¿Cómo voy a querer ver a mi hija Gabriela cuando, un mes antes de su boda, me llama pidiéndome que sea su padrino, pero me pide que ni Jacobo ni María Ángeles asistan? Naturalmente, ninguno de los tres acudimos al evento. María Ángeles, sin embargo, olvidó el ninguneo de Gabriela y poco a poco me fue convenciendo para que yo también la perdonara. No sé cómo lo hizo, pero unos años después quedamos con ella en Sevilla, en una caseta de la Feria de Abril, para conocer a mis nietos, Sol y Víctor.

Los llevé a la calle del Infierno y disfrutaron de todos los cacharritos gratis durante dos horas. Yo llegué a la caseta y dije que estaba más cansado que si hubiera toreado una corrida de Miura...

Disfruté muchísimo. Sol y Víctor estaban felices, y no paraban de repetir que el abuelo era el dueño de todas las atracciones porque subían a todas gratis, y repetidas veces.

CON KENNEDY EN UN SAFARI EN ÁFRICA

Ser figura del toreo proporciona privilegios que solo están al alcance de muy pocas personas, como políticos relevantes, millonarios, financieros... En fin, gente privilegiada, como la que me acompañó durante treinta y dos días como invitado en un safari en África. No fue un safari de esos que te venden las agencias, sino un safari muy selecto, reservado para invitados de renombre mundial.

Un empresario portugués me ofreció torear en dos corridas en Angola y en Mozambique, por una suma considerable. Al principio, dudé en aceptar la propuesta, no estaba convencido, hasta que mi representante en Portugal me habló del safari que organizaba el presidente del país vecino. Este evento, que se realizaría después de las corridas, era para invitados muy especiales: asistirían el presidente de Alemania, el de Francia, Robert Kennedy, el dueño de la escudería de automóviles Ford, el príncipe de Saboya... Y me dejé seducir.

Toreamos en África, en la bella plaza de Angola y en la de Mozambique, alternando con los diestros portugueses Amadeo Dos Anjos y Coello de Portugal. La organización del evento me puso a disposición un avión que me recogió en Sevilla y me llevó a Angola, acompañado de S. Sarnada, a quien brindé uno de mis toros en la corrida, y él me lo agradeció inmensamente con su amistad.

Viví en África una experiencia inolvidable, cazando elefantes y cocodrilos, siempre guiados por los nativos que nos acompañaban. Es curioso como los recuerdos de la selva y de la tribu con la que convivimos día a día, en un entorno tan exótico y atractivo, se han vuelto imborrables.

Estábamos en plena naturaleza africana, pero viviendo a todo lujo, en tiendas de campaña de alto nivel, atendidos por los nativos, quienes nos enseñaron de cerca las tradiciones primitivas de sus tribus. Una noche de luna llena, con ese inconfundible aroma de la África más profunda, el jefe de la tribu nos organizó un festejo gastronómico-musical que hizo las delicias de todos los invitados. Les habíamos regalado el elefante que cazó Robert Kennedy, y en agradecimiento el jefe y su gente nos ofrecieron una cena grandiosa, no solo por la cantidad de comida, sino por la exquisita calidad de los productos autóctonos y los alucinantes efectos afrodisíacos que tuvieron en algunos de los presentes.

No participé mucho en el festejo gastronómico, porque no soy muy comilón, y menos cuando desconfío de los alimentos que no conozco. Vi al resto de los invitados comiendo y bebiendo como si llevaran días en ayuno. Algunos se sintieron tan cómodos con las pócimas afrodisíacas que no pararon de bailar en toda la noche, especialmente Robert Kennedy, rodeado de las guapas y jóvenes nativas que se ofrecían a hacernos la velada muy amena. Una de ellas se pasó toda la noche pegada a mí como una lapa, pero era tan joven que tuve reparos en acostarme con ella, y no culminamos.

Los brebajes afrodisíacos de África animaron al desenfreno a algunos invitados, como a Kennedy, quien al día siguiente no recordaba ni los tumbos que había dado bailando ni a la nativa con la que pasó la noche.

—¿Qué me pasó anoche, matador? —me preguntaba el hermano del presidente de Estados Unidos, afectado por una resaca monumental.

—Tranquilo, Robert, estabas muy divertido.

Meses más tarde, coincidí con Robert Kennedy en una barrera, justo a mi lado, en la Real Maestranza de Sevilla. Nos saludamos, cenamos después en el hotel Alfonso XIII, y aún seguía preocupado por lo sucedido en Angola.

—Maestro, no he conseguido recordar nada de lo que ocurrió aquella noche en África... ¿Crees que llegué a perder las formas? —me preguntó durante la corrida de toros.

—No le des importancia, Robert, a no ser que un día te llegue a Washington un mulatito con cierto parecido a tu familia.

—Ja, ja, ja... No seas hijo de... —me dijo en un perfecto castellano.

¿Privilegios? Todos. Cuando eres figura del toreo, te invitan a disfrutar de todos los privilegios que existen, porque quien tiene a mano esas oportunidades gusta de compartirlas con el héroe que la sociedad, y él mismo, admira en ese momento, sea torero, actor, cantante, futbolista, piloto de Fórmula 1 o político... Cuando uno es un triunfador, tiene asegurado el reconocimiento, la admiración y el agasajo de todas las clases sociales, y quien más te lo demuestra es la élite de la sociedad.

Luis Miguel Dominguín fue en los años sesenta el torero más famoso y admirado por la élite social. Políticos del régimen, artistas afines, banqueros, empresarios, financieros, aristócratas y los representantes más destacados de cada ámbito estaban presentes en su vida, y a todos los invitó a mi despedida de soltero, en la montería organizada en su finca La Virgen de la Cabeza. No podía ser menos. En la lista de invitados estaba lo más selecto de la sociedad madrileña, sevillana y jerezana: desde Jaime de Foxá hasta los Mora Figueroa, pasando por Domecq, Bohórquez, Jardón, Fausto Blasco, Martínez-Bordiú, Urquijo, Jiménez Millas..., marqueses, duquesas, folklóricas; los mismos que, un mes después, asistirían también a mi primera boda en Pino Montano.

En la montería, organizada por Luis Miguel, quien era un excelente cazador, distribuyó los puestos de los monteros, perreros y ojeadores a su gusto. A él le cayeron seis venados y dos jabalíes, pero a mí me tocaron unos cuantos más. Así, la ceremonia del novio, que consistía en raparme el pelo y hacerme novatadas por ser principiante en las monterías, no pudo llevarse a cabo. Yo era el novio de la boda, pero no de la montería, gracias a mi buena puntería; aunque, siguiendo a Luis Miguel, todos los invitados me persiguieron con tijeras.

Intenté escapar en el coche, seguido de mi gran amigo Camisón, quien acabó convenciéndome para que regresara a la fiesta. A cambio de tres mil pesetas que di a unas monjitas que se habían acercado a la finca en busca de limosna, logré conservar mi cabellera, y la fiesta continuó.

Esa noche, entre buen flamenco, cante y baile, tuve una conversación relajada con Luis Miguel sobre Hemingway, quien se había suicidado un año antes, el 21 de julio de 1961, en su casa de Ketchum, Idaho.

CAPÍTULO 4

El público y el toro: te quitan o te ponen

Para un diestro, no hay otra forma de expresarse que permaneciendo quieto delante del toro y pasándoselo muy cerca. Además, debe tener una personalidad inconfundible para transmitir el arte acorde a sus sentimientos, su valor, sus facultades y conocimientos. Todo eso debe llegar al público, que siempre responde: ovacionando al torero con arrestos, coraje y maestría o, por el contrario, pitando y llamando sinvergüenza al que muestra desgana, impotencia o vulgaridad.

—El público es quien manda —aseguraba Belmonte en la tertulia que se montaba en los corrales, en torno a él.

—¿Porque paga? —preguntó un contertulio.

—Porque paga y porque sabe —contestó un aficionado, provocando un ademán de duda en Belmonte.

—No crea, no crea... Ahora el público va a los toros a ver a los toreros, pero antes, además de eso, muchos aficionados iban también a ver al toro. Hoy en día, los tendidos están llenos de gente bullanguera que ignora las condiciones del astado —aseguró seriamente el maestro de Triana—. «En las plazas de toros debería haber un cartel que dijera: "No entre nadie que no sepa geometría", como rezaba el friso de la Academia de Platón», escribió José Bergamín.

—Si fuera así, iría poca gente a los toros y no sería buen negocio —puntualizó otro contertulio.

—Yo, desde que se retiró usted, maestro, no he vuelto más a las plazas —dijo el más zalamero.

—Le agradezco el detalle, amigo, pero esa es solo una frase hecha y una patada a la fiesta. Hay toreros muy buenos, aquí está Ostos, y hay una docena de figuras más que merecen gran respeto —sorprendió Belmonte una vez más con su sabiduría taurina.

MI RELACIÓN CON BELMONTE

En aquellos años, finales de los cincuenta y comienzos de los sesenta, yo aprendía mucho en las tertulias taurinas sevillanas. Los buenos aficionados dejaban sobre la mesa nombres gloriosos de toreros de otras épocas, y para mí eran verdaderas lecciones de tauromaquia, de las que procuraba captar enseñanzas útiles y llevarlas a la práctica. Me proporcionaban un conocimiento coherente de la historia de nuestro arte.

De los grandes aficionados siempre se desprenden aportaciones que permiten valorar el antes y el después en la tauromaquia. De sus discusiones sobre Joselito y Belmonte, Marcial Lalanda o Granero, Chicuelo, Curro Puya, Cagancho...

Fui testigo y aprendí a dar categoría a los más grandes, o a conceder su justo lugar a los diestros que denominamos de la Edad de Plata. Como a Chicuelo, a quien no se valoró justamente pese a ser un innovador. Oí a Belmonte destacar su inteligencia por haber sabido conjugar el toreo sevillano, en redondos, a pies juntos o en recortes (que era el de Joselito), con el toreo cruzado, el genuino del maestro de Triana.

Ni que decir tiene la sorpresa que me dio Belmonte un día, cuando llegó a la tertulia en Los Corales con el recorte de la crónica de Antonio Díaz-Cañabate sobre la corrida del 14 de agosto de 1959 en San Sebastián, con toros de María Teresa Oliveira:

> Resurgió el Miguelín del año pasado. Nada con la derecha, nada con la izquierda. Pases desvalazados, ramplones, vueltas de espalda, arreándole cada patada al toro que lo dejaba turulato, pero el público lo aclamaba como si fuera un futbolista, y al mismo tiempo Lagartijo. El presidente no tuvo más remedio que sacar el pañuelo en sus dos toros, ante un público que, incluso en los toros, lo que le gusta es el fútbol. Lo que más me gustó de la corrida fue Ostos, con el capote, la muleta y la espada en su primero, en una faena de hombría, coraje, maestría e inspiración, que luego, en su segundo, lo abandonó. Solo es de resaltar la estocada de ejecución tan perfecta que le propinó y le valió la vuelta al ruedo en el quinto, tan solicitada por el público [...].

Dos meses antes, en Las Ventas, Luis Miguel había levantado el dedo autoproclamándose número uno, lo que generó polémica entre los aficionados.

—Aquel dedo en alto fue un gesto de soberbia —pensaron algunos.

—No fue más que una actitud de desafío de Luis Miguel —decían otros.

—Qué sé yo, Jaime, lo hice instintivamente —me repitió Dominguín muchas veces—, pero me sirvió de acicate para que, en las tardes de abulia, me viniera arriba, como si tuviera una exigencia pendiente con el público —afirmaba Luis Miguel.

Se lo conté a Belmonte, y el maestro nos dio una lección sobre lo que la figura del toreo está obligada a hacer en cuanto a desafíos, exigencias y gestos de orgullo.

—Torear es todo eso y lo que le salga de las entrañas al torero lidiando al enemigo que pone en peligro su vida —afirmó Juan

Belmonte—. Incluso con un toro que no tiene un pase, el matador debe asearse con gestos de dominio para que el público lo reconozca. Los entendidos saben apreciar el astado que no se presta a derroches de gracia y pinturería, pero exigen a los diestros ser maestros. Lo que el respetable no admite es el engaño, lo que no aplaude es la impotencia del torero, ni al toro sin trapío que protagoniza un espectáculo decadente y humillante. ¡Que el toro te pueda coger emociona al público! —seguía afirmando Belmonte.

—Jaime, yo estuve muchas tardes a merced de los toros, exponiendo al máximo, porque, cuando eso sucede, el público se emociona. Hay que entregarse de verdad, como tú haces, poniéndote donde el toro te puede coger. No nos engañemos, eso es lo que apasiona a los tendidos… Y, naturalmente, hay que saber equilibrar el valor con la razón para no dejar que el morlaco te atropelle —me aconsejaba, mientras yo lo escuchaba embelesado y aprendiendo de su experiencia.

Para entonces, yo ya llevaba seis años como matador de toros y era una figura del toreo, pero siempre aprendía del maestro de Triana, y él también gozaba de mi compañía.

—Muchacho, ven a verme a Gómez Cardeña la próxima semana. Ando muy deprimido, y hablar contigo de toros me resulta más beneficioso que tomar pastillas.

Empecé a admirar a Belmonte siendo un chaval, viendo fotografías suyas toreando con una enorme quietud, para ligar el natural con el de pecho y, sin enmendarse, buscar el pitón contrario.

—Basta con irse al pitón contrario, Jaime. Hay que asomar la muleta al toro hacia el ojo de fuera, quedarse quieto entre los cuernos y, con la muleta, irse al opuesto —me repetía Belmonte.

La quietud en el toreo era un pilar básico para el maestro de Triana, como lo era en su vida personal, desde que se retiró al campo, en Gómez Cardeña, donde vivía tranquilo como ganadero, agricultor y, siempre, como torero.

—Me gusta más vivir aquí y moverme por el campo que estar en Sevilla, muchacho. Pero me entretiene que vengas a verme y me pongas al corriente de lo que pasa en las plazas. Tus visitas me son más eficaces que las del médico —me decía con afecto y cercanía.

Solo le aliviaba de la depresión que sufría su curiosidad por lo que se cocía en los ruedos. Quería saber sobre los cotilleos taurinos, sobre todo los que se referían a Luis Miguel, a Ordóñez y a Hemingway.

—Jaime, ¿cómo te ha ido en Bilbao con el Patas Largas y el cuñado? —me preguntaba el maestro.

—A mí, superior. Le di un baño a Ordóñez y Luis Miguel resultó cogido. Una cornada que le hará perder más de diez corridas —le comenté.

—Por allí estaría ese Hemingway, fascinado por uno y por otro, y tan borracho como siempre. Cuenta, cuenta...

—Sí, allí andaba don Ernesto, que había ido a ver a Ordóñez, pero estuvo mostrándome su fascinación y no se separó de mí en toda la mañana, en el hotel, con los periodistas y los fotógrafos, siempre pegado a mí como una lapa para salir en la foto. Luego me invitó a comer, pero sabía que no pararía de beber, y no estaba yo por la labor de aguantarlo, por mucho premio nobel que sea, así que rechacé su invitación. ¿Me comprende, maestro?

—Te entiendo de primera, muchacho. Esas inclinaciones taurinas del escritor me hacen mucha gracia. Cuenta, cuenta, ¿qué esencias tiene el nobel?

—Esencias, ninguna. Lo que le gusta a Hemingway es moverse por los hoteles y dejarse ver al lado de los toreros, sin parar de beber como un cosaco, trago tras trago. Desde que lo conozco, siempre lo encuentro bebiendo.

Durante cinco temporadas seguidas toreé muchas tardes con Luis Miguel y con Ordóñez. Veía a Hemingway casi a diario en los bares de los hoteles, en el callejón de las plazas de toros o en tertulias con los periodistas, a quienes les gustaba ofrecer titulares sabrosos y declaraciones comprometidas en torno a los dos toreros cuñados. Con ello, obtenía la notoriedad deseada y conveniente para que el público leyera sus crónicas en el semanario norteamericano *Life*, las cuales más tarde le servirían para escribir *Death in the afternoon* (*Muerte en la tarde*).

—Miguel ha vuelto a los ruedos por la rivalidad que mantiene con Antonio —proclamaba a los cuatro vientos.

—No es cierto lo que usted escribe. Miguel ha vuelto porque se aburría en la finca —le dije un día para que no se llevara a engaño.

—Bueno, bueno, eso es lo que usted piensa, Ostos. Ya veremos lo que dice el público.

—Los aficionados son ajenos a las polémicas que usted va creando entre los cuñados. Opinan según lo que Dominguín y Ordóñez hacen en el ruedo y no por lo que usted escribe para que lo lean —le respondí en voz alta, para que los aduladores que lo rodeaban no dieran pábulo a las opiniones del nobel.

—Ostos, lo que yo escribo es de ley, y además es publicidad para los dos toreros.

—Ni Ordóñez ni Luis Miguel necesitan de su publicidad. A lo mejor es a usted al que le viene bien el morbo que va creando entre ellos para que sus artículos se lean.

—Todo lo que yo escribo beneficia a la fiesta, y también a usted... Por cierto, a ver si esta tarde me brinda un toro, Ostos, que no ha vuelto a hacerme un brindis.

Se lo contaba a Luis Miguel, y no paraba de reírse, porque lo conocía sobradamente.

—Ernesto siempre se pone del lado de quien más le interesa en el momento, y más si va sobrado de vino... Míralo tambaleándose por la resaca de anoche —me dijo Dominguín mientras veíamos a Hemingway en el bar, hecho una piltrafa de hombre.

A Belmonte le gustaba que le contara estas anécdotas sobre Hemingway porque se reía plácidamente.

—Siga, siga… ¿Qué pasó después? —quería saber Belmonte.

—Hemingway sale de las resacas a la media hora de propinarse un opíparo desayuno. Resucita de sus cenizas, se bebe dos *whiskys* y vuelve a estar en forma para dictar lecciones a quien se preste a escucharlo. Es un premio nobel y suscita mucho interés público —le dije a Belmonte.

Me di cuenta plenamente de lo que podía dar de sí Hemingway y su creatividad cuando él mismo se inventó su muerte para crear interés periodístico, un día antes de la corrida que toreábamos Luis Miguel, Camino y yo en Málaga, en 1960.

Era la segunda corrida de la Feria de Málaga, con toros de Prieto de la Cal. Un cartelón. La expectación era enorme por los rumores que corrían en torno a que Hemingway había muerto en La Ínsula, la casa de su anfitrión y amigo Bill Davis, en Torremolinos.

Yo me había instalado en el hotel malagueño Miramar y recibí una llamada telefónica de Luis Miguel, hospedado en la casa de unos amigos en Marbella, pidiéndome que llamara al matrimonio Quintana, dueños del hotel de Pamplona donde nos hospedábamos los toreros por San Fermín, que estaban en Torremolinos también invitados en casa de Bill Davis, para preguntarles por Hemingway. Sin embargo, en La Ínsula, nadie sabía nada de don Ernesto, ni de su presunta muerte.

Nadie tenía conocimiento de que fueran ciertos los rumores sobre la muerte del nobel, pero muchos periodistas de todo el mundo nos llamaban a los toreros para pedirnos confirmación de la noticia. Como ninguno sabíamos nada, gran parte de ellos empezó a darla por cierta, sin cotejar aquel rumor que puso al periodismo mundial en vilo.

Con aquella incertidumbre añadida a la responsabilidad de la corrida, hicimos el paseíllo en La Malagueta: Luis Miguel, Paco Camino y yo.

—Si no está muerto, vendrá a la corrida y estará en la barrera con Bill Davis y los Quintana —me había asegurado Dominguín en el patio de cuadrillas.

Terminado el paseíllo, observamos que las barreras de los Davis estaban vacías y comenzamos a creer en la veracidad de los rumores de la muerte de Hemingway. Tanto es así que Luis Miguel, al dar la vuelta al ruedo con la oreja cortada a su primer toro, se fue a los medios e hizo el gesto de lanzarla hacia el cielo, como enviándosela al premio nobel.

En el primer toro de mi lote, mi cuadrilla, Luis González y el Vito, estuvo espléndida con las banderillas. Como era habitual, el público solicitó mi permiso para que dieran la vuelta al ruedo y, mientras lo hacían, el Vito descubrió en una barrera de sol a Hemingway, junto a Bill Davis, y se acercó al nobel.

—Don Ernesto, es usted una aparición, ¿pero no estaba muerto?

—Ya ves, Vito, he resucitado para ver a banderilleros buenos como tú.

Cuando el Vito llegó al burladero, iba tan pálido y confundido que pensé que estaba enfermo.

—Maestro, he visto a Hemingway en una barrera de sol.

—Vito, no me cuentes tus alucinaciones, que voy a jugarme la vida.

—No alucino, maestro. Se lo voy a contar a Luis Miguel —dijo el Vito, convencido de que no había visto una aparición.

Veinte minutos más tarde, mientras yo daba la vuelta al ruedo con una oreja en la mano, me di cuenta de que el fotógrafo taurino Arjona, siempre tan avispado, que había escuchado las palabras del Vito, ya le estaba haciendo fotos a Hemingway en la barrera.

Poco después, mientras Camino toreaba, Luis Miguel y yo vimos al nobel abandonar su barrera discretamente, para no ser descubierto.

—¡Ahí lo tenéis, tratando de pasar desapercibido! Pero el reportaje del año lo ha hecho Arjona, que tiene la prueba de que Hemingway está vivo —dijo el padre de los Dominguín observando al nobel salir de la plaza.

Al día siguiente, el diario *Pueblo* desmentía los rumores de la muerte de Hemingway con las fotos de Arjona.

—Fui de tapadillo a la plaza a ver a Luis Miguel, para que Ordóñez, convaleciente de una cornada, no se enterase y me lo echara en cara —dijo Hemingway a la prensa, para dejar constancia de que entre los cuñados había rivalidad y celos.

—¡Qué bien maneja Hemingway a la prensa, dándoles morbo! —opinó Belmonte sabiamente.

—Jaime, ¿de qué competencia habla el nobel? Si este año Antonio y yo hemos toreado juntos solo cinco tardes. Iban a ser diez, pero, entre tres cogidas suyas y dos mías, se quedaron en cinco... ¡Competencia la tuya conmigo! Que hemos toreado nueve corridas juntos. O la tuya con Ordóñez, que habéis alternado en once corridas. Hemingway escamotea la realidad en su propio beneficio —me aseguró Luis Miguel, sabiendo muy bien de lo que hablaba.

—Para mí es un halago torear y competir contigo y con Antonio, con los dos —le contesté.

—Pues para mí es un reto torear contigo, porque eres un hijo de puta, y no se puede estar a tu altura. Te expones como nadie, y ni Antonio ni yo tenemos tus agallas, ¡coño de niño! —me espetó un Dominguín que siempre he admirado, y del que tengo grabadas en mi memoria muchas de sus faenas; entre ellas, la que le hizo a un toro de Buendía. Se había encerrado con seis en El Puerto de Santa María, y le brindó la faena al marqués de Villaverde.

—¡Lleva el toro allí, que el marqués vea bien la faena! —le pidió Luis Miguel a su peón, toreando en El Puerto de Santa María.

Aquella tarde yo estaba viendo la corrida en una barrera, junto a los también invitados de Dominguín: los Blasco, los Mora Figueroa, los Domecq, los Bohórquez... Todos iban a ser mis invitados al día siguiente en La Virgen, la finca de Luis en la provincia de Jaén, para celebrar mi despedida de soltero.

—¡Deja el toro ahí! —repitió el torero.

El toro de Buendía no era de faena, pero Luis Miguel sacó su raza, la suya, y estuvo colosal, exponiendo al máximo.

Mis conversaciones con Belmonte lo entretenían mucho, y para mí era un honor visitarlo tantas tardes. La última vez fue la víspera del fatídico 2 de abril de 1962. Esa tarde yo toreaba en Campo Pequeno, la plaza de toros de Lisboa. Al regresar al hotel, me entregaron un telegrama: «El maestro Juan Belmonte ha fallecido», firmado por su mayoral, Diego Mateos.

La noticia me dejó hundido, porque un día antes había estado con él en Gómez Cardeña y lo vi hecho un roble a caballo. Paseamos por la dehesa cerca de una hora; hablamos de la corrida que iba a torear en Portugal, aunque, como siempre, se quejaba de lo acabado que se sentía.

—Jaime, estoy hecho una piltrafa —se lamentaba uno de los más grandes toreros de la historia.

—Maestro, yo le veo enorme —le dije para animarlo.

—Ya no valgo para nada. Subido al caballo, parezco otra cosa, pero estoy acabado, Jaime. Ahora que ando loquito con Enriqueta, no sirvo para nada. Y esto me desespera.

—Maestro, es que todo tiene su edad y su momento —acerté a decirle.

—Eso es lo malo, muchacho, que, cuando era mi momento, no lo aproveché del todo..., porque no me atrevía muchas veces... Y ahora no puedo, por la maldita edad, la artrosis... Pero así es la vida, y ando enamorado como si fuera un chaval.

Nos sentamos en el jardín y me dijo:

—¿Ves esos jazmines? Pues esta mañana fui a Sevilla y le llevé un ramo de jazmines a Enriqueta. Se los coloqué en el pelo y me marché de su casa, dándome cuenta de que ya no sirvo, Jaime...

Belmonte llevaba años separado de su mujer, Julia Cossío, que residía en Madrid con sus hijos. Desde hacía unos años se le veía ilusionado con aquella mujer. Pensé que le hacía muy bien y que podría superar su depresión.

Sin embargo, apenas dos días más tarde, se ve que no quiso esperar más a la muerte y fue en su busca, pegándose un tiro en la sien, al no ser capaz de aceptar la evolución limitante de su enfermedad. A Belmonte lo mató el toro de la vejez, astifino de soledad, resabiado de vacío y de una impotencia que le pudo más que cualquier astado en la plaza.

ME REJUVENECE RECORDAR EL PASADO CON TOREROS ACTUALES

Cuando te haces mayor, uno se acomoda en el pasado con mucho gusto, rememorando las vivencias para quien se interesa en escucharlas. A mí, revivir esos momentos me rejuvenece. Cuando alguien muestra curiosidad por lo que cuentas, te vienes arriba. Si, además, quien te escucha es una figura del arte de torear actual, como Morante de la Puebla, que te mira atento, con interés, y aprecia lo que oye, eso te da mucha vida.

Morante ni había nacido cuando yo me hice matador, pero a este hombre le desborda la curiosidad por lo que fue la tauromaquia de antaño y sus protagonistas. Como hemos coincidido muchas veces, he tenido la oportunidad de transmitirle el interés por la fiesta de generaciones anteriores a la suya.

Durante la Feria de Santiago, en Santander, me encontré con el diestro de La Puebla del Río en el hotel de mi gran amigo Juan Renedo y de su esposa Loli Hormaechea, el Palacio del Mar. Allí, cada año constato la genuina personalidad de Morante, como hombre y como artista del ruedo. Siempre curioso y atraído por la quintaesencia de figuras como Belmonte, Cagancho, Rafael el Gallo, Paula…

Para alguien que ha colgado el traje de luces, no hay nada más gratificante que una figura posterior a su generación se interese por tus tardes triunfales en Sevilla, en Bilbao, en Madrid, en Valencia, en San Sebastián, en Málaga… Aunque los recuerdos estén impregnados de nostalgia, revivirlos te llena de energía.

El maestro Morante de la Puebla siempre me ha escuchado con la misma atención con la que yo escuchaba a Belmonte o a Cagancho, de quienes disfrutaba aprendiendo.

—A todos los que hemos pisado el albero nos llega la hora de la verdad, y la hora de la retirada, que es la peor, compañero —le confesé a Morante.

—¡Seguramente es un momento muy difícil, maestro! —me respondió, solemne y enigmático.

—No te haces una idea. Es la etapa más dura en la vida de un matador —insistí con melancolía—. La hora de la verdad la esperamos cada tarde de faena, pero el momento de dejar los ruedos ni lo deseas ni estás dispuesto a esperarlo. Llega de repente y embiste como un toro, y o la enfrentas con temple y los recursos que te da la experiencia, o te lleva directo al olvido. Yo estoy lidiando esta etapa componiendo la figura a través de los recuerdos de esta tauromaquia.

Uno sigue siendo matador toda la vida, y, aunque las fuerzas físicas falten, la ilusión es tan grande que todavía voy a los tentaderos, doy algunos pases a las becerras, asisto a las grandes ferias y sigo con fervor la actualidad de la fiesta, a veces con un toque de envidia. Veo en acción a los consagrados: a Ponce, al Juli, a Morante, a Perera, a Talavante, a Manzanares, a Cayetano, al Cid, a Castella, a Roca Rey, a Pablo Aguado y a los que están buscando un lugar entre las figuras, que no son muchos. Así sigo vinculado a este arte, aunque con un ojo siempre puesto en el pasado. No queda otra alternativa que recordar lo vivido o morir un poco de nostalgia cada día.

Sobre mi retirada, Vicente Zabala escribía lo siguiente en 1980:

> Jaime Ostos ha sido, en la arena, un hombre audaz, valiente hasta lo heroico; un espada dieciochesco, un pura sangre, a veces más fiero que los propios toros. Siempre recordaré al Ostos de los naturales de mano baja, muleta a rastras y volapié por el hoyo de las agujas... Me interesa su trayectoria, muy limpia, muy artística, muy auténtica, muy de hombre; estampa de figura recia, toreando con temple y mando, con gracia y serenidad, dominando la codiciosa embestida de los astados...

—¿Y qué es lo que ha contribuido a su éxito, matador? —me pregunta el periodista.

—El estar con los cinco sentidos puestos en cada faena, tarde tras tarde —contesté.

Pero, unas horas después, en la habitación del hotel, vino a mi memoria el recuerdo del maestro Pepe Luis Vázquez, con quien compartí muchas tardes. En 1959 alterné con él en sus últimas tres corridas, en Vitoria, Santander y Córdoba, donde tuvo lugar su despedida.

Le preguntaron ese día cómo se sentía al cortarse la coleta, y respondió que le quedaba mucho por aprender de los animales, que se iba sin saber todo lo que se necesita para estar a la altura frente al enemigo.

Entonces me di cuenta de que había dicho una tontería al referirme a los seis años precisos para alcanzar la plenitud, y que Pepe Luis tenía razón: cada tarde, en cada temporada, aprendes algo nuevo. Siempre, hasta el momento del adiós, el matador está en constante aprendizaje con cada adversario y en cada lidia.

El día de su despedida en la Feria de Córdoba de 1959, durante una entrevista le preguntaron al maestro su opinión sobre Jaime Ostos, quien acababa de salir por la puerta grande de la plaza.

—¿No cree, maestro, que Ostos está loco? ¿Que arriesga demasiado y se juega la vida continuamente?

—No, no. Locos los que torean con Ostos, porque nos exponemos como él ante los adversarios complicados que él, arriesgando, termina por dominar. Les corta las orejas y se lleva los trofeos.

Admiraba tanto al maestro Pepe Luis que su opinión me llenó de gratitud de por vida, y sobre todo porque aumentó, todavía más, mi afición y entrega. Me motivó a depurar mi técnica, con ese mando, temple y serenidad que él ejercía.

Cuando un joven que empieza escucha a un maestro como Pepe Luis Vázquez decir algo así, es como una inyección directa al corazón, un estímulo para seguir en la lucha con cuerpo, alma y los cinco sentidos en el ruedo.

En mi casa hay un trofeo que sobrestimo: el premio Manolete, que me llevé de Córdoba. Ocupa un lugar privilegiado, por su importancia y por haber competido en la misma feria con la faena de Ordóñez, que para mí era lo más grande del arte taurino. Aquello me supuso una enorme motivación.

Me he inspirado viendo a compañeros bordar faenas, como aquella que Paco Camino realizó en Las Ventas en 1975, con el sobrero de El Jaral de la Mira. Serio y manso, hasta que Paco lo entendió, convirtiéndolo en un animal de dulce. Primero lo sujetó bajo el tendido 4, luego lo fijó frente al 3, metiéndolo en la muleta, separándosela del hocico suavemente. Dejó la pierna izquierda bien preparada para ligar el siguiente muletazo con reposo, meciendo el engaño que lo llevaba acompasado al cuerpo, armónicamente. Culminó con una estocada baja pero de ejecución perfecta, dejándose ver y marcando los tiempos. Cortó las dos orejas y salió a hombros por la puerta grande.

Torear es el duende de Paula, de Curro y de Morante. Se torea como se es. Y Paula, en Madrid, en Vista Alegre, en 1974, lo demostró con esa personalidad genuina que le permitía una lidia improvisada, sentida, desgarrada e inspirada cuando surgía la magia, como sucedió aquella tarde.

—¡Cómo ha toreado el gitano! —comentaba el público de Vista Alegre, que había acudido a la plaza a ver a Antonio Bienvenida, a Curro y a Paula el 7 de octubre de 1974.

Tengo grabada en la memoria la faena mágica de Paula con Barbudo, un ejemplar suave, noble, con casta y bravura, de Fermín Bohórquez. También recuerdo la de Ordóñez en Las Ventas, el 17 de mayo de 1960, con Bilalarga, de Atanasio Fernández, que se la brindó al príncipe don Juan Carlos de Borbón. La lidia fue perfecta: templando y mandando, con una entrega emocionante. El toro lo volteó y lo zarandeó, pero el maestro se repuso y cargó la suerte de nuevo, en otra tanda de naturales tan inspirados que enloquecieron a los tendidos y a mí, que lo estaba presenciando desde una barrera.

El estilo de Rafael Ortega… Siempre recuerdo la faena que realizó, vestido de perla y oro, el 20 de mayo de 1956 en Sevilla, a un Miura, Tormenta, de pelaje sardo, boyante, con grandes pitones y 27 arrobas de peso. El maestro de San Fernando lo lidió sabiamente, con valor y técnica, con redondos, naturales, ayudados… Le propinó una estocada al volapié que produjo la muerte del toro sin puntilla.

A mí, Rafael Ortega me enseñó cómo hay que matar bien. Verlo preparar al adversario era una lección. «No hay que mecerse tres veces en tres tiempos, eso lo hacen para llamar la atención», me decía.

—Hay que perfilarse entre los pitones, Jaime, con los pies en el mismo terreno; adelantar la muleta sin echar un paso atrás, para que el animal no levante la cabeza.

Con la franela era un prodigio, procurando no cortar el viaje al adversario, sino llevarlo largo, con cite y remate. Cargaba la suerte apoyando el peso en la pierna contraria, sin echarla atrás, porque eso es descargar. En la última parte del pase, se quedaba perfectamente colocado, sin modificar el terreno. Así toreaba Rafael Ortega.

TOREAR EXPONIENDO

Por pundonor uno expone la vida toreando. Cuando el toro está en la plaza, el torero tiene dos salidas: una es la de la gloria y otra es la de la enfermería. En días clave uno no tiene en la cabeza más que ese planteamiento.

—Mira, Jaime, yo me he jugado la vida muchas tardes, como todos —me contó Luis Miguel—, pero recuerdo especialmente la de la corrida de Beneficiencia en Madrid en 1949, con Álvaro Domecq, Antonio Bienvenida, Gitanillo de Triana, Manolete y yo, en la que pagué cien mil pesetas de donativo para que me pusieran en el cartel, por mi especial interés en torear con Manolete. Cuando me llevaba el chofer a la plaza, le dije, mirando a la puerta grande, que dentro de un rato o salía por allí, o lo hacía en una ambulancia. Me jugué la vida demostrando al público que yo iba a ser un figura del toreo lo mismo que Manolete. Los dos salimos a hombros.

Torear siempre es peligroso porque cualquier toro te puede coger, pero, si el toro no transmite su fiereza al público, o si el torero, por su estado de ánimo, no provoca estremecimiento en los tendidos, la faena enmudece por falta de destellos emotivos.

Una faena sin emoción no es auténtica faena digna de admiración. Sí fue de admirar para la crítica la faena con toros de A. Pérez Tabernero y de Muriel, alternando un servidor con César Girón y el mejicano Guillermo Carvajal.

> Jaime Ostos consiguió el éxito más limpio conquistado en este ciclo guipuzcoano, por su arte de buena ley y por sus impagables arrestos que levantaron el entusiasmo del público en esta tercera corrida de la feria, gracias al respeto que mostraban las reses y a la manera como a ellas se les enfrentó, con guapeza, el mozo sevillano, que, amén de reunir momentos de brillantez absoluta, consiguió impregnar las faenas de auténtica emoción, que se da cuando a los toros de verdad uno se enfrenta con el ánimo levantado y el corazón tenso de lidiador, capaz de ostentar los títulos de virilidad y de gallardía como Ostos.
>
> Jaime Ostos oyó la primera y gran ovación al quite por chicuelinas muy apretadas en el segundo, y cuando salió el tercero se plantó en el centro del ruedo para, sin recortes previos, capear a su adversario, que hizo extraños ante el capote del ecijano, el cual, cuando recogió al toro, echó las manos abajo en verónicas de suma emoción, a las que siguieron, ya en el turno de quites, nuevas chicuelinas y revoleras que llenaron los tendidos de repetidas ovaciones.
>
> El toro de Muriel se quedó gazapón y con un viaje peligroso que comprometió al torero al inicio de su faena y sobresaltó al público, pero nada de esto importó al muletero, que fue desplazando al toro desde el centro del ruedo, paulatinamente hasta los tercios de sol, donde se irguió en pases por alto, citando con el cuerpo, provocando escalofríos en los tendidos, sin golpes espectaculares de cara a la galería, no, sino con manifiesta y serena valentía, resplandeciendo en el ruedo bellos pases con la derecha, corriendo la mano y rematados con excelentes pases de pecho, y cuando la plaza vibraba, se fue tras el acero, que siempre lleva a mano, puso el corazón en el viaje y clavó una estocada fulminante… El público emocionado. Gracias, Ostos. [Selipe para *ABC*].

Dos años después, cenando en el hotel Cristina, unos jóvenes de la capital se acercaron a mi mesa para entregarme el recorte de la crónica que escribió Selipe en 1957 de la corrida de toros que ellos presenciaron, la primera de su vida, y querían hacerme saber que gracias a aquellas faenas mías se habían hecho aficionados a los toros. Uno de los jóvenes era Patxi Quintana, extraordinario restaurador vasco con el que he mantenido una estrecha amistad hasta su muerte, y la continué con sus hijos.

Recuerdo que don Pablo Chopera, Curro Girón, Miguelín y yo, después de haber toreado la corrida de María Teresa Oliveira, que fue buena, estuvimos bien con la muleta, pero fallamos con el estoque los tres. A veces, por querer matar bien, yo he pinchado a la primera y a la segunda, perdiendo los trofeos, pero el público entendido sabe apreciar la ejecución perfecta y te obliga a dar la vuelta al ruedo. En aquella ocasión, al terminar la mía, me pedían una segunda vuelta y saqué también a mis compañeros para pasear juntos por el anillo.

LAS FIGURAS DEL TOREO COMPITIENDO EN LA PLAZA DE MÁLAGA

El cartel lo componían nueve corridas de abono:

Luis Miguel Dominguín con cuatro. La primera, con Jaime Ostos y con Paco Camino. La segunda, con Gregorio Sánchez y Jaime Ostos. La tercera, con Mondeño y Paco Camino. La cuarta, con Jaime Ostos y Diego Puerta.

Jaime Ostos, con tres corridas. La primera, con Luis Miguel y con Paco Camino. La segunda, con Luis Miguel y con Gregorio Sánchez, y la tercera, con Luis Miguel y con Diego Puerta.

Me llevé todos los trofeos importantes de la feria.

MI COMPETENCIA CON DIEGO PUERTA

Plaza de toros de Barcelona, 1961.

> Ostos recibió al de Baltasar Iván con hermosas verónicas acogidas con óles y ovaciones. Llegó el animal a la muleta con fuerza y agresividad reservona y surgió la angustiosa porfía del de Écija, que con total entrega, cruzadísimo y exponiendo un horror, provocaba la arrancada del enemigo que no quería ir, donde el torero le obligaba una y otra vez, aguantando la violencia del toro y la cercanía de sus pitones, y consiguió dominarlo en una dramática faena coreada hasta que inevitablemente llegó la cogida, por fortuna sin graves consecuencias, y de la que el torero salió valeroso aun. De media estocada en el sitio, rodó el toro sin puntilla.

Diego Puerta ya había hecho su quite reglamentario con el toro de mi lote; sin embargo, volvió al tercio por verónicas ante mi gesto de desaprobación.

«¡Me lo va a dejar sin fuerzas!», pensé para mí. «¡Como se caiga el toro, le corto la cabeza a ese h. de p.!».

El toro, que de salida no tenía mucha fuerza, después de los quites se quedó tan mermado que en la segunda serie de derechazos, cuando le eché la muleta abajo, se desplomó, acabado, sin poder redondear la faena. No le dije ni media palabra, pero en el turno de Puerta, después de que él hiciera su quite, le saqué al toro del caballo y le pegué una docena de capotazos a cual peor mientras Diego se revolvía en el burladero.

No nos hablamos durante la corrida, pero, cuando llegamos al hotel, le dije a su apoderado que, si Puerta no me pedía perdón, le iba a dar una paliza. Esperé en mi habitación que fuera a pedirme disculpas y, como no lo hizo, me fui a la suya. Llamé a la puerta, pero no abría.

—Dile a tu matador que me voy a sentar en el *hall* frente al ascensor esperándolo, y que, cuando salga, se ponga de rodillas delante de mí —le aseguré a su mozo de espadas.

Estuve más de una hora esperando a que Puerta bajara de la habitación, hasta que por fin salió del ascensor y se vino hacia mí.

—¡De rodillas! —le ordené.

Se puso de rodillas y caminó hacia mi posición un metro. Me levanté de la silla y me aproximé a él.

—Levántate, h. de p.

Nos dimos un abrazo y nos fuimos a cenar juntos.

CAPÍTULO 5

El toreo a finales del siglo XX

Si en la década de los ochenta se puso de moda asistir a las corridas de toros, en los noventa los aficionados se multiplicaron de manera desorbitada, al igual que el número de festejos taurinos en las ferias de España. Esto fue resultado de la buena situación económica del país, y de que muchos nuevos ricos se convirtieron en ganaderos, apoderados de toreros y empresarios de plazas que organizaban corridas incluso en los pueblos más pequeños, donde hasta entonces solo se celebraban becerradas. Fue un auténtico *boom* de figuras del toreo y de delirantes aficionados a su alrededor.

Ahí estaba Jesulín de Ubrique, quien, al igual que Finito de Córdoba, ya había destacado como novillero y, con la madurez, alcanzó poderío y seguridad el primero, y elegancia y clase el segundo. También destacaba Rivera Ordóñez, mediático, como Jesulín, con casta y pundonor. Y allí seguía, como figura indiscutible, Espartaco, que, a raíz de su faena televisada desde Sevilla en 1985 al toro Facultades, continuaba mandando en 1991, gracias a su entrega diaria y su habilidad para llevar al toro sin forzarlo, con gran pulcritud.

En la década de los noventa, el impacto en los ruedos lo causaron Joselito Arroyo y César Rincón. El primero, por su torería clásica, elegante e inspirada, y en el caso de Rincón, por su concepto del toreo basado en distancias largas, citando de lejos, con hondura y poderío.

Y ya entonces estaba Enrique Ponce en los ruedos, con la gallardía de no rehuir nunca las ganaderías duras ni la competencia con los diestros más exigentes. Aún continúa en activo porque ejecuta un toreo elegante e inteligente, que se sustenta en un valor sereno y en una muleta que templa tanto a los toros de embestida suave como a los complicados, gracias al sentido que posee de la cadencia.

—El que es figura hoy lo habría sido en la época de Lagartijo, en la mía y en la tuya —me dijo una vez Belmonte.

En mis conversaciones con el maestro de Triana, le pregunté si Ordóñez habría sido una figura del toreo en su época.

—Ordóñez, y tú también, Jaime. El que es figura ahora lo habría sido en la época de Lagartijo y el Guerra, con Joselito y conmigo. Y, al contrario, los punteros de antaño también lo seríamos en la actualidad. Porque ha cambiado el toro, pero las reglas del toreo son las mismas. Con la torería se nace, y del toro hay que desconfiar siempre, hayas nacido en 1890 o en 1931.

HACERSE TORERO PARA NO MADRUGAR

A mí, Cagancho me parecía un dios. Cuando llegué por primera vez a México, en 1956, para torear dos corridas en el D. F., él residía entonces en Acapulco, casado desde hacía tiempo. Sin embargo, se trasladó a la capital mexicana para verme, se instaló en mi mismo hotel y enseguida me mostró su interés por conocerme, invitándome a cenar.

Comimos muy a gusto solos. Después de la cena, lo acompañé hasta su habitación y, antes de despedirnos, me pidió que saliéramos temprano al día siguiente a correr un rato.

A las ocho de la mañana llamé a la puerta de su habitación. Abrió y me preguntó, extrañado, si pasaba algo: una guerra, un terremoto...

—Maestro, habíamos quedado para hacer ejercicio.

—Ostos, yo me hice torero para no tener que madrugar. ¿Qué horas son estas? Anda, vete solo a caminar, que el que torea esta tarde eres tú.

Se lo cuento a Morante, y dice:

—¡Qué arte, qué arte, maestro! ¿Y qué pasó después?

—Después de hacer una hora de ejercicio, volví al hotel y me quedé en la habitación descansando, hasta que llegó Cagancho con dos amigos suyos, un periodista, dos ganaderos y Miss México, para fotografiarse conmigo...

—¿Y Cagancho, maestro? ¿Cagancho le hablaba a usted antes de la corrida? —pregunta Morante, con curiosidad ilimitada.

—Cagancho no me decía ni palabra. Me miraba atento, callado y con envidia, lo mismo que yo ahora hago contigo, José Antonio —le dije a Morante—. Te observo vistiéndote de luces y siento envidia de tu momento. Así que aprovéchalo, porque, cuando llega la retirada, a los toreros se nos acaban los momentos mágicos, y no te haces idea del silencio que nos invade cuando uno se corta la coleta. Yo lo viví mucho antes con Belmonte...

—¿Te he contado cómo me enteré de la muerte de Belmonte? Escucha, Belmonte se suicidó por tristeza. Yo estaba en Portugal, había toreado en Campo Pequeno, y al regresar al hotel me entregaron el telegrama que me había enviado su secretario. Me quedé de una pieza, pero enseguida reaccioné y casi entendí lo sucedido. Belmonte se sabía enfermo, sufría en silencio las limitaciones de su enfermedad y, habiendo acumulado más gloria que nadie, no estaba dispuesto a que los males del cáncer y de la edad empequeñecieran su glorioso pasado. Y se quitó de en medio —le dije a Morante.

—¿Usted haría lo mismo en una situación parecida? —me preguntó el torero de La Puebla.

—Hoy por hoy, no. Ni tengo cáncer ni otras razones que me pudieran llevar a cometer una locura.

—Yo entiendo a Belmonte, maestro... —susurró Morante, mirando a ninguna parte.

EL TORO DE LIDIA

No siempre se acierta a primera vista con los toros. Una vez me equivoqué con un novillo en el festival de Vitoria, que organizaba cada año don Manuel Chopera y en el que participaban los toreros triunfadores, al día siguiente de terminar la feria.

La mañana del festival acudí al sorteo, y me gustó mucho el novillo que me correspondió. Pero, cuando llegó la hora de lidiarlo, por poco me asesina en la primera arrancada. Embestía parándose, sin fijeza, con mucho sentido, resabiado, pegando cornadas a los capotes, al caballo, desarmando a los banderilleros... ¡Una prenda! Un bicho de cuidado, y no lo quise ni ver.

Como era el mes de julio y me quedaba más de media temporada por delante, no estaba dispuesto a que un novillo en un festival me mandara a la enfermería. Le dije a mi apoderado que no lo mataba.

—¡Por Dios, Jaime, si es un utrero! ¿Vas a dejar que te lo echen al corral?

—No mato ese novillo, que me lo echen al corral y se paga la multa, pero no lo mato —contesté, convencido de que se iba a armar, pero resuelto a no ponerme delante de él.

Se formó un escándalo en los tendidos, me multaron, pedí el sobrero que había en los corrales, un torazo que había sobrado de la feria. Me lo echaron, y tanto lo toreé que me dieron hasta el rabo.

Posteriormente, estando en la habitación del hotel, me visitaron unos aficionados para saludarme, y uno de ellos me criticó por haberme negado a torear el novillo y, sin embargo, haber hecho un faenón al sobrero, que era un torazo.

—El novillo me quería asesinar —contesté.

—¡Pero, maestro, si era un novillo precioso! —insistía el hombre, muy pesado.

—¡Precioso en los corrales, pero un asesino en la plaza!

Así de inciertos son los toros: te pueden parecer una cosa y resultar otra muy distinta. Hay que verlos desde que salen por chiqueros y no perderlos de vista, porque pueden cambiar por cualquier incidente, variar de querencias o pasar de ser bravos a mansos, de tener clase a embestir corneando, de meter bien la cara en el capote a llegar a la muleta con la cara arriba.

«Que no te salga el bravo...», me decía Belmonte, quien opinaba que estar bien con el toro era torearlo según sus condiciones. Efectivamente, el manso, el resabiado, el que no embiste con rectitud tienen su lidia, y el buen torero debe saber dársela. A veces, sucede que es más difícil estar bien con el bravo que con el manso.

Pasaba por la calle Sierpes un joven torero que le había brindado el novillo a Belmonte en la Maestranza el domingo anterior. No había estado bien el chaval, y se acercó al maestro para justificarse.

—¡Si me hubiera salido uno bravo...!

—Pídele a Dios que no te salga el bravo, muchacho —respondió Belmonte con su tartamudeo inteligente.

Lección de sabiduría la de Belmonte, porque el toro bravo al que se refería el maestro de Triana es el que exige al torero estar al cien por cien en valor, maestría y arte. Mientras que, con el manso, el aplomado o el que no tiene un pase, lo mejor es dejar que lo vea el público, asearse, no aburrir y rematarlo pronto con un hola y adiós, sin más contemplaciones.

Una tarde en Bayona salieron toros mansos y sosos, sin fuerza, pero con mucho sentido, imposibles para la faena. Sin embargo, por alguna circunstancia o estado de ánimo especial, esa tarde yo quería estar por encima de todas las dificultades, y me la jugué exponiendo mucho.

En el burladero, Ordóñez, blanco de fatiga, y V. Valencia, sin apartar los ojos de mi toro, me gritaban que lo dejara, que no servía.

—¡Otro igual y con más guasa, Jaime! —me susurró mi apoderado mientras me limpiaba la cara de sudor al salir al encuentro de un toro de Domecq que no quería saber nada de la muleta. Pero me metí entre sus pitones y logré arrancarle unos pases, andándole de costado, citándolo de perfil y hacia el pitón contrario. El bicho seguía sin mirarme, ni a mí ni a la muleta, parándose o medio embistiendo con brusquedad.

—Maestro, déjelo, no vale nada —me gritó de lejos el Vito.

Me empeñé en lidiarlo, acercándome centímetro a centímetro. Me paré entre las astas del toro, le dejé adelantado el engaño con la mano derecha hacia el pitón izquierdo, provocándolo, hasta que finalmente conseguí que embistiera una y hasta cuatro veces seguidas. Después le pegué tres tandas de naturales que volvieron loco al público.

Se había visto que aquel toro no tenía nada bueno dentro, pero yo tenía una de esas tardes en las que sabes que, peleando, puedes crear la faena. Me perfilé para matar, me crucé pasando el brazo izquierdo por debajo del derecho, que es el que hunde la espada, y bordé la suerte, consiguiendo una oreja que paseé por el ruedo entre el clamor de los aficionados.

Por fortuna, el sexto toro, solo el sexto, salió bravo y noble. Valencia estuvo brillante, enorme, muy torero. Dio la vuelta al ruedo con las dos orejas del de Domecq y salió a hombros, mientras el graderío pitaba a Ordóñez, que tuvo el peor lote de la corrida, y a mí me despedían con una gran ovación.

Salí de Bayona en el Rolls con mi cuadrilla, y en la frontera recibí las felicitaciones de los carabineros españoles por la estocada.

—¿Cómo os habéis enterado? —les preguntó mi mozo de espadas.

—Por los aficionados que ya han regresado a San Sebastián y nos lo han comunicado. ¡Enhorabuena, maestro, y suerte para mañana!

Al día siguiente tenía que torear en San Sebastián la corrida de Samuel Flores, con Aparicio y Mondeño.

—Muy bonitos, Jaime —me dice José Ignacio, mi apoderado, después del sorteo—, muy bonitos y bajitos.

Me dejé engañar por Sánchez Mejías. Todos los toreros nos creemos la mentira piadosa del apoderado y de la cuadrilla:

—¡Muy bonitos, maestro!

Lo que entendemos por un toro bonito es un toro pequeño, bajo, de pitones cortos y hacia abajo o hacia dentro. Pero aquellos de Samuel salieron al ruedo con más de quinientos kilos y una cornamenta fina y bien puesta. Así nos dejamos engañar antes de la corrida.

Esa mañana me visitaron en la habitación del hotel Cristina los ganaderos Samuel Flores, Antonio Pérez Tabernero y Tassara, Cristóbal Martínez-Bordiú y un sinfín de aficionados, mientras almorzaba medio melón, naranjas y un café cortado.

—¡Suerte, maestro!

En el patio de caballos, saludé a los matadores, serios, arrebujados en el capote de paseo y pensativos.

—¡Suerte! —dije, sin más palabras.

Aparicio estuvo sensacional y muy valiente, pero sufrió una cogida. Desafió al toro y, ciego de coraje, lo mató al segundo intento. Le dieron una oreja y se retiró a la enfermería para ser operado de una hernia visceral que, mal comprimida, se le salió, y se retorcía de dolor.

Mondeño, estoico, estirando el brazo en cada muletazo perfecto, logró una estocada correcta y le dieron otra oreja. Yo, con el primero de mi lote, mal: me resultaba imposible fijarlo; andaba y se paraba, volvía a andar y huía... Un bicho sin clase ni embestida al que, para colmo, maté mal.

Tuve que despachar el segundo de Aparicio, que tampoco embestía. Me dispuse a matarlo perfilándome con la muleta muy baja, el brazo derecho a la altura del pecho y saliendo de costado. El toro se desplomó sin puntilla. Ovación y vuelta que no consiguieron animarme.

No se dio bien la tarde y, para colmo, cuando llegamos al hotel, nos dieron la noticia de que a Guardiola lo había matado un toro en Palma de Mallorca, y nos derrumbamos.

—El toro lo ha derribado del caballo y ha muerto —me dijo mi apoderado—. Ordóñez se ha caído del cartel de Bilbao de pasado mañana.

Lo de Ordóñez no me extrañó, porque no quería ver ni de lejos a los de Pérez Tabernero.

Al llegar a la habitación, recibimos la llamada de Chopera pidiéndome que sustituyera a Ordóñez y le salvara la corrida del ganadero salmantino, alternando con Chamaco y Puerta.

—Sabes que toreo la de Domecq al día siguiente con Puerta y Mondeño, y al otro día la de Atanasio. Van a ser tres corridas muy serias seguidas, Manolo —le dije al empresario—, un palizón.

—Es un gran favor que te pido, maestro.

Lo tuve que consultar con mi cuadrilla, porque en Bilbao ni Luis, ni Pepe, ni el Vito pasaban inadvertidos ante un público muy entendido, muy torista, que valoraba mucho la labor de los picadores y banderilleros. Como mi cuadrilla estuvo conforme, nos fuimos a Bilbao a torear las tres tardes.

—¡Qué olfato el de Ordóñez! —comentó mi apoderado, porque la corrida de Antonio Pérez salió mala. Los toros de mi lote, hinchados de peso, se cayeron en el segundo puyazo y llegaron a la muleta deshechos, sin posibilidad de hacerles faena.

Chamaco estuvo bien con el capote, pero se quedó sin toro en la muleta. Puerta, como siempre, se arrimó y cortó una oreja.

—¡Qué bien ha hecho Ordóñez en no venir! —dijo mi mozo de espadas.

Si el enemigo no colabora, es imposible torear. En ese caso, hay que estar aseado, evitar que te coja un toro complicado y terminar con él cuanto antes para no aburrir.

—A mí me han cogido más los toros buenos que los malos, casi siempre por exceso de confianza; otras veces, por mi temperamento, que me llevaba a querer estar por encima de los demás.

Siempre he salido a la plaza con mucha ambición de triunfo, en una época de toreros muy buenos y dispuestos a la pelea. Con poco que los toros pusieran de su parte, yo me entregaba al máximo y trataba de estar por encima de mis compañeros, quienes me motivaban mucho.

Si Ordóñez cortaba una oreja, si Luis Miguel hacía un quite por verónicas sensacional, si Puerta se jugaba la vida o Camino bordaba las chicuelinas, para mí era un estímulo para querer estar mejor que ellos.

Esa competencia me ha proporcionado inmensos triunfos, aunque, naturalmente, también he tenido tardes de fracasos. De nada sirve tener casta si el toro no vale más que para el carnicero, o si uno no está en su tarde, no se encuentra al cien por cien después de la convalecencia de una cornada, o, sencillamente, porque hay tardes en las que solo ves el pitón que puede entrarte por el vientre y no puedes con el toro. Es algo sorprendente, pero nos ha pasado a todos los toreros, desde Pepe-Hillo hasta la actualidad.

LAS MALAS TARDES

Hay tardes desconcertantes en las que no sabes qué hacer delante del toro...

Compadezco al que va por primera vez a una plaza de toros y se encuentra con un toro que se rompe un pitón, o que se arrodilla nada más salir al ruedo, o que se desploma tras el primer puyazo. O ve a un torero que llega cansado y con prisas de otra plaza, y se nota de lejos que no quiere nada con el toro: sale incierto, receloso, busca, cornea, y no lo ves claro. Cuando la actitud del toro no favorece, te puede la abulia y desistes.

—¿Has visto cómo menea la cabeza, sin querer embestir? —le dije en una ocasión a mi mozo de espadas al acercarme al burladero.

—No tiene embestida, maestro —me contestó, mientras el desánimo me podía y no quería ni ver al toro.

—¡Abrevie, maestro, no exponga con ese bicho!

Hay tardes en las que te dejas apoderar por la desgana, o simplemente no estás para desafiar ni a un borrico. Y ¡osú, qué mal rato! Te pesa el calor, la taleguilla, y las miradas del público que tampoco quieres ver.

Son tardes en las que deseas abreviar la faena porque citas al toro tres veces y no acude, no embiste, huye... Optas por no citarlo una cuarta vez, se te seca la garganta, desaparece la ilusión, y solo quieres que aquello termine. No sientes el toreo, no te retuerce el estómago de emoción, y te vuelves indiferente, dispuesto a pegar un petardo. Así suceden los desconciertos y la impotencia, puntuales, de los toreros, que, sin saber cómo ni por qué, nos vemos incapaces frente a un toro que no hemos querido ni mirar: «No lo quiero ni ver», decía Curro Romero una vez, en una corrida en Zafra, Badajoz.

Los toros no siempre se ajustan a las reglas de la tauromaquia. Los toreros, tampoco, y el público, menos, cuando cree que el diestro está con desgana o sin actitud torera, como ocurrió aquella vez en Zafra una tarde de 1962. En el cartel estábamos Curro Romero, Carlos Corbacho y yo, con toros de Saltillo.

El lote de Curro no daba ni para asearse. El diestro no quiso exponerse y anduvo huyendo con los dos toros, lo que provocó una bronca mayúscula que se alargó hasta fuera de la plaza, donde lo esperaban para insultarlo y amenazarlo.

—¡Sinvergüenza, cobarde, no te escondas! —le gritaban.

Intenté evitar que aquello fuera a más y metí a Curro en mi Rolls. Lo echamos en los asientos de atrás y, encima de él, tapándolo, se sentó mi cuadrilla: el Vito, Luis y Pepe. Salimos zumbando camino del hotel.

—Vamos a dar unas vueltas por el pueblo —le dije a mi chofer.

—Lo que usted diga, maestro.

Media hora después, seguíamos dando vueltas por las calles de Zafra. Curro Romero seguía tumbado en los asientos de atrás de mi coche, debajo de mi cuadrilla, y no paraba de preguntar si faltaba mucho para llegar al hotel.

—¡Que me estoy ahogando, Jaime! —suplicaba.

—Hay mucho tráfico, Curro, pero tú ni te muevas... Muy quieto, para que nadie sospeche que vienes en mi coche —le dije, mientras nos hacíamos un *tour* por las calles de Zafra, gastándole una broma de la que después me disculpé cenando con él y con nuestras respectivas cuadrillas en aquella ciudad extremeña, donde siempre me encuentro muy a gusto.

Voy a Zafra cada año, en la Feria de Octubre, y siempre que surge la ocasión me reúno con mis grandes amigos, los Nonis, Antonio e Isabel Buzo, dueños de los hoteles El Convento de La Parra, Conde de la Corte y Huerta Honda. Allí se hospedan toreros, ganaderos y aficionados durante la feria. Son hoteles de gran belleza, calidad y servicio, cuyas paredes rezuman atractivo. Después de las corridas, atraen a todos los grandes aficionados de Extremadura y España que acuden a Zafra.

Mítico paseíllo del gran diestro ecijano.
(Fotografía cedida por José Solana a la autora).

CAPÍTULO 6

El torero

—¿Cómo se hace el quiebro de rodillas? —preguntaba Joselito el Gallo a su padre, y el chaval cogía un pañuelo e imitaba a su progenitor, regateando con destreza.

En la dinastía de los Bienvenida, Antoñito tenía cinco años cuando toreó una becerra en La Pañoleta, en Sevilla, dando muestras de su afición y del deseo de ser como su padre, el Papa Negro, y como sus hermanos, Manolo y Pepe.

Los hijos de Domingo González estudiaron el bachillerato en buenos colegios, pero desde niños tuvieron la idea fija de ser toreros, porque su ambiente familiar era el más propicio. A su casa, en la madrileña calle Echegaray, acudían Cagancho y Domingo Ortega, apoderados por el patriarca de los Dominguín, y hablaban con ellos de toros, jugaban al toro y soñaban con ser figuras para alcanzar la gloria como ellos.

—El torero nace torero si tiene cerca gente del toro, que es lo que fomenta la afición, la ambición, la mentalidad de sentirse capaz, de creerse con valor para estar dispuesto a jugarse la vida por el triunfo.

El sufrimiento en la vida de un torero significa aguantar adversidades y mantenerse en la lucha por llegar arriba. Los sacrificios son enormes; se precisa una gran capacidad de superación, de tesón, de sobreponerse a las duras dificultades con las que uno se encuentra y de saber afrontar cualquier calvario: el de los fracasos, el de las cogidas e incluso el de estar dispuesto a perder la vida.

Me contó Manolo Bienvenida que en Tablada habían dejado una punta de ganado bravo para el matadero. Atada a un árbol para que diera de mamar a su cría, pastaba una vaca, grande, zancuda y con gran cornamenta.

—¿Te atreves con ella? —preguntó el Papa Negro a su hijo de nueve años.

—Suelta a la vaca y verás si me atrevo —respondió.

La desafió hasta que lo embistió, tirándolo por los aires y dejándolo inconsciente. Cuando recobró el sentido, vio que la vaca le había arrancado la blusa, roto los pantalones y dejado un rasguño que le pareció un boquete en el vientre, presumiendo de herida delante de todos los vecinos.

Años después, eran los hijos del Papa Negro los que estaban en los carteles. En una novillada en Francia, Manolo resultó cogido.

—¡Le ha enganchado, padre! —dijo su hermano Pepe, mientras el señor Manuel lloraba de pena y recogía del ruedo al hijo herido.

Lo llevaron al hospital, donde fue operado de una terrible cornada en el vientre. Cuando despertó de la anestesia, el torero preguntó si era muy grave la herida.

—No, hijo, verás que pronto te curas y nos iremos para Sevilla, a casa... ¡Ya no se torea más! No permitiré que te pongas delante de otro bicho, aunque tengamos que pedir limosna. ¿Te duele mucho la herida, hijo?

—Me duelen más tus palabras, papá... —contestó el joven Bienvenida.

Al mes, de vuelta en Sevilla, Manolo convenció a su padre para que lo llevara de nuevo al campo, pues quería entrenar y volver cuanto antes a los ruedos.

De la saga de los Bienvenida, con quien tuve más relación fue con el más pequeño, Antonio, que me contaba que en su casa hacía falta el dinero, pero con cinco años a él no le preocupaba la economía.

—Me hice torero por afición —me decía—. Mi padre, que lo había sido, tenía un capote en casa que olía a toros, y a mí me gustaba dormir abrazado a él. Más tarde, con nueve años, empecé a torear becerradas en plazas de Portugal, con Revertito, sobrino de Reverte, en la cuadrilla de los niños sevillanos que formó mi padre. Al terminar la temporada, regresé a casa con doce mil reales. Se los di, loco de alegría, a mi madre, y llenó la casa de sacos de garbanzos, judías, azúcar, chorizos, jamones, harina, aceite..., y dio para pasar todo el invierno.

Por salir de la pobreza, muchos chavales forjaron su afición creciendo en ambientes taurinos. El que no tenía un padre extorero, había sido exbanderillero, mozo de espadas, era sobrino de un picador o vivía cerca de una plaza de toros por donde había visto salir a hombros a figuras que luego se hicieron ricas. O, como en el caso de Mondeño, sin antecedentes taurinos, pero queriendo escapar de la pobreza.

—Mi padre era guarda en una finca de Puerto Real, y pasábamos hambre. Así que abandoné mi casa con un hatillo al hombro, de maletilla, recorriendo capeas y cercados para hacerme torero y sacar de la miseria a mi familia.

Y Juan Mondeño lo consiguió gracias a su valor y misticismo. Era capaz de colocarse en un espacio inmóvil frente al toro, creando la quietud hierática de Manolete, impregnando su muleta con un magnetismo especial, que luego hemos visto en Ojeda, José Tomás y Fandiño.

Mi amistad con Mondeño comenzó cuando nos conocimos como novilleros, y creció más a raíz de una corrida que toreábamos juntos en Santander, con Pepe Luis Vázquez, el 24 de agosto de 1959, donde obtuvo un enorme triunfo, lo mismo que un mes después en Alcalá de Henares, también conmigo, lo que le hacía creer que yo era su talismán.

Pero, cinco años después, en 1964, Mondeño se retiró de los toros para hacerse fraile. Cuando lo tenía todo, dinero y fama, repartió su fortuna entre sus familiares e ingresó en un convento para dedicarse por completo a Dios.

Afortunadamente, por su salud mental, que se quebrantó entre los hábitos de monje, y aconsejado por su médico, el novicio torero regresó a los ruedos dos años más tarde.

A MIGUELÍN LO HIZO TORERO SU PADRE

Muchos grandes futuros toreros, sobre todo en Andalucía, empezaron de chavales, aprendiendo el oficio entre viejos capotes que nunca se abrieron en plazas importantes, entre muletas descoloridas y viejas, con remiendos de sangre de las capeas, polvo de los caminos y la amargura de sus dueños, quienes siempre anhelaron ser figuras del toreo pero nunca vieron cumplidos sus sueños.

Aquellos padres que no habían tenido suerte enseñaban a sus hijos lo que sabían. Se los llevaban a campo abierto por la noche a torear vacas, a escondidas de los mayorales e incluso de la Guardia Civil. Ese fue el caso de Miguelín.

—Una noche, toreando en un cortijo, sin que se enterara el ganadero, me atravesó la boca una vaca —contaba Miguel Mateo, Miguelín—, y mi padre me llevó a casa sangrando como un chivo. Por poco la que se muere es mi madre, que no paraba de echarle la culpa a mi padre y de rogarle que no me llevara más a los cercados.

Naturalmente, volví de noche a los cortijos y anduve por las capeas de los pueblos, recibiendo cogidas, golpes, revolcones, varetazos y cornaditas que me fueron curtiendo el cuerpo y el espíritu, aprendiendo a aguantar las embestidas del toro y de la vida, porque se aprende a superar el miedo y a tirar para adelante cuando no tienes suerte.

«O ME HAGO RICO, O LLEVARÁS LUTO POR MÍ»

Manuel, con cara de hambre y frío, fue en busca del Pipo para no tener que seguir robando ni volver a la cárcel. Quería dejar de ser un golfo y probar suerte en la vida.

«No tenía pinta de torero, ni hechuras, pero estaba harto de pasar hambre, de robar para comer y de ser un guiñapo», decía el Pipo sobre el gran Manuel Benítez, recordando a aquel maletilla que le pidió una oportunidad.

«Verá usted, don Rafael, no tengo nada ni a nadie, estoy solo en el mundo, pero estoy dispuesto a dejarme matar por ser torero. Ayúdeme, yo le juro que no le defraudaré», le dijo él.

El Pipo se dejó convencer por la enorme voluntad que mostraba el maletilla, y, aunque se exponía delante de los becerros sin normas ni técnica, exhibía un valor desmesurado y una personalidad arrolladora frente al público. Estas eran sus palabras al hablar del maestro:

> El Cordobés hacía con el toro cosas casi inauditas, con valor, poderío y una embargadora personalidad, transmitiendo al público una euforia que enloquecía los tendidos. Esas eran sus cualidades, que, unidas a mi talento de apoderado, lo convirtieron en estrella. Le monté una propaganda dirigida al corazón de la gente, basada en las calamidades que el Cordobés había pasado en la vida y en su caridad, destinando a los pobres casi todo lo que ganaba, y aquello resultó.

Con aquella estrategia, hizo de él un ídolo para el pueblo. Después, dirigió la publicidad hacia los ricos, los ganaderos y los empresarios, y el Cordobés se puso a mandar en todo el toreo. Decía su apoderado:

> Conseguí que don Álvaro Domecq lo invitara una temporada a su dehesa, Los Alburejos, para tentar vacas y, de paso, darlo a conocer entre empresarios, ganaderos y buenos aficionados. Al principio no lo tomaron en serio, pero pronto lo sentarían en sus mesas como invitado, porque era el ídolo del momento.

No se equivocó. Invirtió mucho dinero en publicidad, de la que se encargó Tico Medina, sacándolo en la prensa a caballo, haciendo vida de torero, bien vestido, en compañía de famosas actrices, cantantes, de los Beatles, de políticos internacionales como Robert Kennedy. Proclamaba a los cuatro vientos que había aprendido a leer, escribir e incluso a pilotar su avioneta, tocando mucho la sensibilidad de los lectores.

La eficaz publicidad de un mentor como el Pipo, unida a la peculiar personalidad del Cordobés y su toreo heterodoxo, tuvo como resultado la gloria del torero, con sus luces y sombras, como todos, pero con una personalidad inigualable que le permitió cumplir la promesa que le hizo a su hermana Angelita: «O me hago rico, o llevarás luto por mí».

VICTORIAS Y FRACASOS, DENTRO Y FUERA DEL RUEDO

En los inicios de esta profesión, las decepciones de una mala tarde pueden acabar con el torero que no está mentalizado. Tras la amargura de un fracaso, hay que sobreponerse siempre, pero aún más cuando estás empezando, pues es una prueba contundente para saber si puedes seguir en el toreo o irte a casa.

Recuerdo que de novillero, una vez, tuve una muy mala tarde en Zalamea la Real con una novillada de Concha y Sierra, con un novillo *colorao* que llevaba marcado el número 13. Me habían contado que, al intentar enchiquerarlo, se arrancó y mató a un cabestro. Me tocó en el sorteo y, como soy tan supersticioso, no quería ni verlo. Escuché una bronca sonora: «¡Sinvergüenza, fuera! ¡Has venido a hacer el ridículo! ¡Fuera...!».

No me atreví ni a volver a la pensión para cambiarme de ropa, y tuve que quitarme el traje de luces en un camino, junto a una fuente. Pero al día siguiente me olvidé del fracaso y saqué ánimos para seguir adelante, porque unas semanas más tarde me despedía de novillero en la Real Maestranza.

Esa es la actitud que debe tener un torero, de la que siempre he hecho gala y de la que me han hecho sentir orgulloso las personas de mi alrededor, admiradores, amigos y familiares.

—Papá, te escucho, y el corazón me late más deprisa cuando veo la sinceridad de tus palabras, tanto en tus tardes de fracaso como en las de tus grandes éxitos —me dijo un día Jacobo.

—Así hay que ser en la vida, y en cualquier profesión: sincero y honrado.

Mi hijo Jacobo se sienta en el salón de casa, entre su madre y yo, mientras repaso mentalmente la trayectoria de mi vida para las memorias que escribe María Ángeles. Rara vez me interrumpe, porque, aunque no tiene afición por el mundo taurino, me escucha boquiabierto.

Celebramos mi ochenta cumpleaños en la finca Las Contentas, cerca de La Granja de San Ildefonso, en Segovia. Acudieron cientos de amigos y compañeros, como José Ortega Cano, Victoriano Valencia, David Luguillano, Palomo Linares y mi querido Ángel Peralta, quien presenció el tentadero de varias vacas junto a Jacobo, que estaba detrás de un burladero. Después, disfrutamos de una gran comida y una animada fiesta flamenca.

En un momento de la noche, Peralta me comentó que Jacobo había estado muy atento mientras me veía torear y que le había confesado que su padre era un «torerazo», una gran figura. Toda una lista de virtudes, según añadió el chaval.

—La verdad, Jaime, vi a tu hijo secarse las lágrimas —me confesó Peralta—. Incluso me dijo que, en ese instante, dejaría la carrera de Derecho para iniciarse en el toreo. Me preguntó qué me parecía y le respondí que ya se le había pasado el arroz.

—Natural —le respondí sonriendo.

Desde entonces, Jacobo es mi mayor adepto, después de su madre, a quien ayuda buscando antiguas fotografías mías para este libro. Me admira y me defiende con orgullo, con sinceridad y también con mucho dolor cuando ve a su hermana Gabriela paseándose por los platós de televisión, apoyando a mi primera mujer, que no pierde ocasión para decir que fui un maltratador cuando estábamos juntos.

—Papá, Jaime está en la televisión diciendo que él nunca vio a su padre maltratar a su madre. Está desmintiendo todo...

Las audiencias crecían notablemente cuando mi exmujer y Gabriela denunciaron públicamente que yo era el padre de otra hija, Gisela, a la que, según ellas, me negaba a reconocer, pese a la insistencia de María Ángeles para que me hiciera las pruebas genéticas. No las hice, pero el juez determinó que era el padre, pues Gabriela se las hizo, y el resultado fue un 99 % positivo.

Fue María Ángeles quien intervino una vez más en mi encuentro con Gisela. La llevó a nuestra casa en Madrid, la invitó a Marbella en verano, lo mismo que a Sol, mi querida nieta, hija de Gabriela. Así, todos en familia, según los deseos de mi esposa, quien ha pasado su vida como intermediaria entre mis hijos y yo para que nos viéramos en armonía, al menos una vez al año, celebrando la Navidad o llamándonos por teléfono para felicitarnos los cumpleaños.

No merecía que anduvieran exponiendo las miserias de mi vida en televisión, tergiversadas por su odio. María Ángeles me ha visto llorar junto a ella frente al televisor, mientras mi exmujer y Gabriela me acribillaban con calumnias.

Mi mujer es feliz cuando nos reunimos con mis hijos, pero yo, muchas veces, la detengo en seco y le advierto que, si algún día tienen la oportunidad de hacerle daño, lo harán. No me cree, porque ella desconoce el odio y la envidia que le tienen.

—Mientras yo viva, Gabriela y Jaime te respetarán —le dije un día a María Ángeles—, pero el día que yo falte intentarán descabellarte... Por suerte, voy a vivir más que tú, porque eres doña Pupas y yo tengo muy buena salud.

A raíz de las apariciones en prensa y en televisión de mi exmujer y de mis hijos Gabriela y Jaime, mancillando mi honor y también el de María Ángeles, le cuento a Jacobo todos los días todo lo que ha sido mi vida para que sea el receptor de mi legado y sepa defender a su madre del daño que le puedan hacer sus hermanos cuando yo no esté en este mundo.

—Jaime, no me gusta que le hables a Jacobo de esas cosas, tú vas a vivir cien años —decía siempre mi mujer.

—A mí lo que me encanta es que me cuentes tus amores, los de antes de conocer a mamá —intervenía Jacobo, y yo le daba el gusto de recordar a las mujeres importantes de mi vida.

Mi primera novia oficial fue Luchi Contreras, quien me perdonaba siempre las aventuras y las múltiples reconciliaciones tras cada ruptura. La última separación ocurrió después de la cornada que sufrí con un toro de Villamarta en la Feria de Abril de 1958, en Sevilla. Un matrimonio de Bayona me había presentado dos meses antes a la modelo francesa Alexandra Stewart, y los tres asistieron a la Maestranza para verme torear.

Después de la cogida, Alexandra apareció en el hospital; se lanzó a llorar sobre mí en la cama, mientras Luchi le preguntaba a mi madre quién era esa intrépida desconocida. Yo, para evitar conflictos, opté por hacerme el muerto.

—*Je suis l'amour* de Jaime —dijo la francesa, segura de sí misma.

—Pues yo era su novia hasta este momento. Adiós, Jaime —respondió Luchi, y yo, aprovechando la situación, llamé a mi madre y le pedí que se llevara a todos porque «me estaba muriendo».

Me dolió más el daño que le hice a Luchi que la misma cornada; ella no se merecía aquello, y yo, aunque no lo pareciera, la quería muchísimo. Siempre me perdonaba, pero aquella excesiva confianza mía terminó por hacerla desistir de nuestro noviazgo.

La aventura que mantuve con Gracia Imperio hacía que, cuando la *vedette* actuaba en Sevilla, las entradas se agotaran gracias a nuestro romance. Un día, el empresario Matías Colsada me prohibió pasar a su camerino en el teatro San Fernando y regresé a mi butaca. ¡Qué no le armaría Gracia a Colsada!, que la *vedette*, muy decidida, salió a buscarme y me llevó con ella a su camerino.

—Pídele disculpas al maestro o no salgo a escena —le dijo al empresario.

—Que se disculpe, y me voy —respondí sonriendo, en tono de broma.

El pobre Colsada, de rodillas, me rogaba que me quedara para que la función continuara. Así comenzó mi relación con Gracia Imperio. La *vedette* era entonces tan famosa como Norma Duval en su momento. Un día la recogí a media mañana y nos fuimos a comer al Puerto de Santa María. Se nos unieron algunos guitarristas amigos míos, y la fiesta se alargó. A las cinco de la tarde, Gracia empezó a recibir llamadas de Colsada pidiéndole que volviera urgentemente a Sevilla, pues el espectáculo comenzaba a las seis y media, y el teatro estaba lleno. Pero la artista estaba disfrutando tanto que me pidió que nos quedáramos. Las horas pasaron, y cuando el empresario la llamaba, cada vez más desesperado, ella simplemente ignoraba las llamadas. Terminamos la noche en el hotel Bahía, en el Puerto…

Estuvimos juntos unos meses, hasta que supe que un famoso ganadero de Sevilla le enviaba recados y flores. Mi apoderado me pidió que me alejara de Gracia, que el toreo necesitaba toda mi atención, y ella podría desequilibrar mi carrera, o el ganadero podía pégame un tiro. Pero esa advertencia incrementaba mi interés por Gracia. Hasta que, una noche, al ir a recogerla al teatro, encontré su camerino lleno de flores y cajas de bombones, firmados por el ganadero, quien me amenazó de muerte.

Con gran interés, al día siguiente fui a tomar café al Sport, sabiendo que allí encontraría al ganadero, que me saludó y me invitó a sentarme con él y sus amigos. Cuando creí oportuno, les conté la sorpresa que me llevé la noche anterior al ver los regalos que Gracia recibía de un admirador sevillano y que no era yo.

—¿Sabes lo que hice? —le dije al ganadero—. Me hice pipí sobre los seis ramos de docenas de rosas, ante la risa de la *vedette*, que además, muy generosa, me dijo que me llevara los bombones a mi casa, porque a ella no le gustan…

Todos rieron mi ocurrencia, menos el ganadero, que se tensó de vergüenza por saberse descubierto, se levantó de la silla y se fue del local.

He sido amigo de muchos ganaderos importantes de bravo, andaluces como Urquijo, Domecq, Guardiola, Núñez, Benítez Cubero, Miura… En Valladolid, los Molero eran como de mi familia, y en Salamanca, Galache, Graciliano, Atanasio, Juan Martín y Carlota, don Alipio y don Antonio Pérez Tabernero.

De la casa de los Pérez Tabernero guardo muy gratos recuerdos porque triunfé con muchos de sus toros en las plazas de España y de Francia, y, sobre todo, porque compartí momentos memorables en su casa de San Fernando, con don Antonio y sus hijos, Antonio, Juan Mari, Amelia, Mercedes, en cada tentadero al que me invitaban todos los inviernos; incluso llegué a tener en brazos a su nieto Antonio, hijo de Mercedes y del doctor Marín, quien, años más tarde, ya es casualidad, fue el primer marido de mi esposa María Ángeles.

LOS CAMPOS DE SAN FERNANDO

Amo el campo charro, tengo en la memoria los amaneceres nublados de los meses de enero y en febrero en Salamanca y, en particular, en los campos de San Fernando, junto al patriarca de los Pérez Tabernero. Me despertaba, me asomaba a la ventana y me impresionaba ver la escarcha sobre la hierba, el vapor que salía de la boca del mayoral, quien, abrigado con una copa de orujo, preparaba los caballos para la tienta. Los maletillas, helados, se agolpaban en la tapia, esperando su oportunidad mientras los matadores invitados desayunábamos con don Antonio, sus hijos y sus ilustres invitados.

Siempre había invitados de lujo en San Fernando, y a don Antonio le gustaba contarles que el general Franco había sido elegido jefe del Estado español por la junta militar en aquella casa, en aquel comedor.

Durante el tentadero en San Fernando me hartaba de torear con el capote y la muleta a las becerras, que, cuando salían buenas, te hacían disfrutar. Luego, levantaba la vista hacia la tapia y pedía que bajaran los aficionados. Nunca olvidé mis inicios, siempre esperando junto a la tapia la invitación del ganadero o del torero principal para dar unos pases. Sentía una gran satisfacción al verlos en acción, corrigiéndolos y aconsejándolos. Al final de la jornada campera, volvíamos a la casa y, alrededor de una exquisita comida, disfrutábamos de una tertulia que siempre encabezaba don Antonio.

—Hace unos días, pasó por aquí el Cordobés para tentar —me dijo—. Ese fenómeno del tremendismo está en su mejor momento... Cómo cambia la vida. Hace solo dos años, el mayoral lo encontró durmiendo en un pajar, esperando el tentadero que organizasteis Aparicio y tú, Jaime. Y ahora es una figura. Ahí estaba, el otro día, sentado con toda mi familia, comiendo y recibiendo honores. Mi hija Mercedes le recordó que fue ella misma quien, aquella noche en el pajar, le había llevado un bocadillo. Apenas han pasado dos años… Y recordaban a todos los figuras del toreo que pasaban por allí; entre ellos, a Chicuelo II, Manuel Jiménez Díaz. Era valiente y majestuoso, un torero temerario en los ruedos, con una nutrida legión de partidarios. Fue un gran amigo mío y de la familia Pérez Tabernero, que siempre lo recordaban con especial cariño.

Un día de enero de 1960, me encontraba en el hotel Wellington de Madrid, negociando contratos con un empresario taurino de Cali para la siguiente temporada. No llegamos a un acuerdo; había sido el triunfador de la última feria, y pedí torear cuatro de las cinco tardes que se presentaban, aunque me ofrecían el pago de cuatro tardes por tres. No cedí, quizás por terquedad, y también porque tenía otras ferias casi cerradas en América, que coincidían con la de Cali. Así que la empresa contactó con Victoriano Valencia y con Chicuelo II, dándoles dos corridas a cada uno; me lo contó Chicuelo cuando desayunábamos en Madrid antes de partir a Salamanca para asistir a un tentadero en la finca de Paco Galache y, al día siguiente, en la de don Antonio Pérez Tabernero.

—Paramos en San Rafael a tomar café. El que llegue más tarde, paga —me dijo Chicuelo. Y siendo tan tacaño como era, no cabía duda de que pondría el Mercedes a la máxima velocidad. Al final, fui yo quien pagó los cafés.

Cerca de Salamanca, vi el coche de Chicuelo volcado en la cuneta. Afortunadamente, él y su mozo de espadas estaban bien, pero el vehículo quedó inutilizado por problemas con los amortiguadores. Continuamos el viaje, y llamaron a una grúa para recoger el Mercedes, aunque le advirtieron que no encontrarían piezas en España y que tendrían que encargarlas del extranjero.

Después de tentar en casa de don Francisco Galache, Chicuelo decidió regresar a Madrid en la grúa que transportaba su coche. Planeaba cambiar su vuelo directo a Cali, previsto para una semana después, por otro hacia Nueva York, donde podría conseguir los amortiguadores, y desde allí seguir a Cali. Su destino estaba, sin embargo, marcado por eventos bien distintos. Al estrellarse el avión en el que viajaba rumbo a Nueva York sobre la isla de Jamaica, murieron todos los ocupantes. La noticia me impactó profundamente… ¿Cómo era posible que Chicuelo hubiera fallecido en un avión? Chicuelo se enfrentaba a la muerte cada tarde, frente al toro, tan cerca que el peligro siempre lo tenía en el ruedo. Estuve conmocionado muchos días.

Para un torero, el tiempo se compone de un ir y venir de eventos tan variados y continuos que apenas queda espacio para reflexionar sobre lo ocurrido; solo importa el presente. Apenas una semana después de la muerte de Chicuelo, toreé un festival en Candás, donde el éxito se celebró en una cena-tertulia, dirigida por el crítico taurino Alfonso Navalón. Llegué tarde y, al entrar al restaurante, lo escuché decir:

—Al fin llega el mariquita de Ostos. Adelante, maestro; aquí tiene su mesa.

Al dirigirme a la mesa, vi otra en la que estaban dos señoras elegantes y dos caballeros, y detuve la mirada. Se levantaron para invitarme a su mesa, y me acomodé sabiendo que los maridos me habían confundido por el «mariquita» de Navalón. Así que jugué a representar ese papel ante el asombro de las esposas; una de ellas, una belleza que pronto me confiaría su decepción respecto a mi «hombría».

—Qué pena que le gusten los hombres… —me dijo, sin que el marido notara las miradas cómplices que intercambiábamos.

Al cabo de media hora, se levantó para ir al cuarto de aseo, y me ofrecí a acompañarla, con su beneplácito. Apenas en privado, le aseguré que mis preferencias eran otras, y, encantada, me confesó que su esposo ni se enteraría si nos ausentábamos. Así que, complacidos, salimos del restaurante, y ella me mostró los encantos de Candás… y los suyos.

Al regresar, su marido, molesto por la demora, la sujetó del brazo y le reprochó haber estado tanto tiempo con «un maricón». A lo que ella replicó:

Primera boda del diestro con la doctora María Ángeles Grajal en la finca El Campillo (El Escorial). Los padrinos fueron Rocío Jurado y Antonio Garrigues Walker. (Fotografía publicada por la revista *Hola*).

Segunda boda con María Ángeles Grajal. A estas segundas nupcias, en el mismo sitio que las primeras, El Escorial, y ante el mismo juez, solo asistió el hijo de la pareja, Jacobo Ostos. (Fotografía de Jesús Carrero para la revista *Hola*).

Jaime Ostos con sus amigos de la Hermandad de Triana.

El matador con la infanta Elena.

Amigas de la doctora Grajal, su gran apoyo durante la etapa de viudedad.

Con don Felipe de Borbón cuando era príncipe de Asturias.

El matador con su amigo Felipe González, cuando era presidente del Gobierno.

El diestro con sus grandes amigos Ivette Uhía y
Gitanillo de América, en Cartagena de Indias (Colombia).

Jaime Ostos con doña María de las Mercedes, madre del rey Juan Carlos I, posando junto al lienzo de don Juan de Borbón.

Jaime con su hijo Jacobo, de pequeño.

Jaime Ostos saliendo a hombros de la plaza de Las Contentas (Segovia), acompañado de su hijo Jacobo, David Luguillano, Ángel Peralta y Juanjo Cervera.

María Ángeles Grajal con José Luis López (el Turronero), Juan José Padilla y el juez José Godino (juez del caso Malaya).

Festival benéfico en Cartagena (Murcia). Ortega Cano y Jaime Ostos, acompañando a Juan Mondeño en su salida de la plaza a hombros.

Jaime Ostos con los toreros José Ortega Cano y Victoriano Valencia, dos grandes amigos.

Los toreros Ostos y el Cordobés, en perfecta complicidad de amigos.

Jaime con sus amigos más allegados en Marbella. Desde la izquierda: Jaime, Antonio (Noni de Zafra), Dr. Felipe García, Américo Govantes y Miguel Gallego.

El diestro y la doctora Grajal con sus dos grandes amigos Rosa y Miguel Gallego.

Jaime Ostos junto al actual presidente de la Junta de Andalucía,
Juan Manuel Moreno Bonilla, y su hijo Jacobo Ostos.

El diestro con los hijos de Enrique Sarasola. De izquierda a derecha: Tita Astolfi (primera mujer de Fernando), Quique, Jaime Ostos, Fernando y Carlos (pareja de Quique Sarasola).

Dos diestros de distintas generaciones y amigos a un tiempo: Talavante y Ostos.

Con Morante, en un receso del Premio de la Peña Taurina Las Meninas.

En una caseta de la Feria de Sevilla de 2023, María Ángeles Grajal, con su amigo Luis (a la izquierda) y su cuñado Américo, junto a su hermana Rosa.

Arriba, de las últimas imágenes del matrimonio, tras la pandemia de 2020. Abajo, a la izquierda, Jacobo Ostos y María Ángeles Grajal saliendo del funeral del diestro en la madrileña iglesia de Santa Bárbara. (Fotografía de Francisco Guerra para Europa Press). A la derecha, escultura homenaje del pueblo de Écija a uno de sus hijos más insignes, el matador Jaime Ostos.

Fotografía en la que se basó el cartel del festival taurino en Bogotá en la plaza de toros Santa María. De izquierda a derecha: el Bogotano, Manolo Vázquez, Paco Camino y Jaime Ostos.

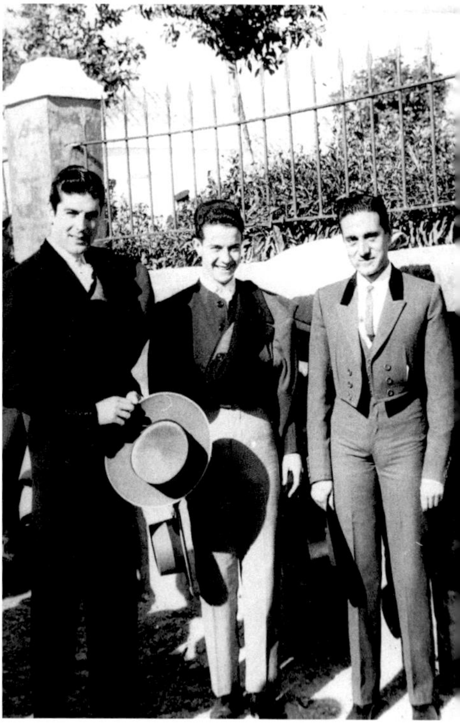

Imagen que conformó el cartel del festival benéfico de Sevilla. De izquierda a derecha: Jaime Ostos, Diego Puerta y Miguel Báez, el Litri.

Una mañana de San Fermín, en Pamplona, con el diestro Antonio Ordóñez y su apoderado, José Ignacio Sánchez Mejías.

Clásico pase estatuario de Jaime Ostos, que tan célebre le hizo en numerosos ruedos.

Un perfecto natural de Jaime Ostos, el cual se convertiría en cartel de feria en numerosas plazas de España.

Estocada perfecta de Jaime Ostos en la Maestranza de Sevilla.

Jaime Ostos con Francisco Franco y Ángel Peralta, tras una tarde triunfal en Las Ventas.

Jaime Ostos con el entonces príncipe don Juan Carlos de Borbón, en los inicios de su amistad.

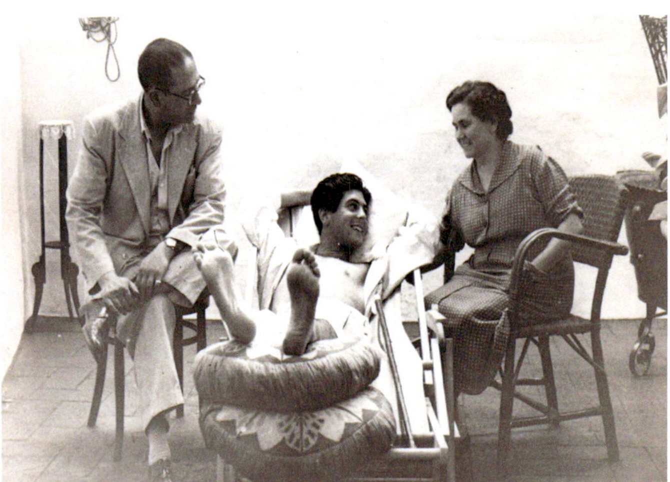

Jaime Ostos con sus padres, convaleciente de una cornada en la arteria yugular, en la finca de Carlos Núñez.

—¡De maricón, nada! Es más hombre que tú y, además, más galante y simpático.

El marido, fuera de sí, le soltó una bofetada que casi la tiró al suelo. Me abalancé sobre él y le propiné un soberbio puñetazo.

—¡Cobarde, a las mujeres no se les pega! —le espeté.

Nos separaron rápidamente. Cuando lo vi más calmado, le expliqué que no había ocurrido nada y que ella solo me acompañó a tomar aire porque me sentía un poco mareado. No sé si creyó mis palabras, pero aceptó las disculpas de buena gana, y nos despedimos. Volví a verlos en varias plazas de toros durante los años siguientes.

CUANDO TE TRANSFIGURAS, NO PONES LÍMITES AL VALOR

He toreado algunas tardes medio sonámbulo, en una nube, rebosante de seguridad y dominio, sin ver más que toro y muleta, en una armonía prodigiosa que te hace olvidar que, junto a la nobleza de un toro, van unidas su impetuosa fiereza y su agresividad. En esos momentos, no pones límites ni medidas al valor.

En Sevilla, después de cortar las dos orejas a un toro de Carlos Núñez y de dar dos vueltas al ruedo, volví al burladero de capotes y oí a Ordóñez, que me decía:

—¡Enhorabuena, Jaime! Te juro que nunca he visto a nadie tan emborrachado de toreo.

Manolo Vázquez se acercó para felicitarme y me dijo lo mismo.

—Ostos no está loco, los locos somos los que toreamos con él —comentó Pepe Luis Vázquez.

Tuve el honor y la suerte de salir al ruedo con el maestro Pepe Luis en sus últimas corridas. En la de Córdoba, se cortó la coleta y, cuando le preguntaron sobre mi valía aquella tarde, respondió:

—Maestro, ¡qué arrojo el de Ostos! ¿Es una locura torear como él, arrimándose tanto? —le preguntó el periodista.

—¡Locura la mía, por torear con él! No se puede estar a su altura… —opinó el maestro del barrio sevillano de San Bernardo, quien toreaba con el gusto de un artista que crea belleza casi todas las tardes.

En todas las épocas, los toreros han provocado emociones y han conmovido al público por su valor y su arte. La gente ha acudido a las plazas fascinada por la emoción y el riesgo, por el colorido y la estética, y ha salido cautivada, incluso aquellos intelectuales hipercríticos con la tauromaquia, como lo fue Unamuno, quien terminó simpatizando con Belmonte y con el buen toreo, al igual que Valle-Inclán, Maeztu, Azorín o Pérez de Ayala, quienes abrazaron con fervor la fiesta y prestaron un enorme servicio al toreo.

Hoy en día, personalidades como Vargas Llosa y Sánchez Dragó, quienes acuden a las plazas de toros para ver a figuras como José Tomás, Ponce, Talavante, Morante, el Juli, Perera, Manzanares, Roca Rey, Pablo Aguado y muchos otros, siguen dotando de prestigio a la tauromaquia.

JUAN MONDEÑO, FIGURA DEL TOREO Y AMIGO ESPECIAL

La tauromaquia está llena de grandes figuras del toreo: unos son verdaderos artistas, otros destacan por su valor, que respeto y admiro. A algunos les he tenido un gran aprecio, como a Luis Miguel, Ángel Peralta, Victoriano Valencia y Aparicio, con quienes mantuve una estrecha amistad, especialmente con Juan Mondeño.

Mondeño era un hombre singular; tanto que llegó a ser apoderado de una torera a la que paseaba por Madrid en un coche que había comprado a una marquesa. Era el Rolls-Royce de una conocida dama de la alta sociedad madrileña, quien lo seguía de plaza en plaza. Brindaba todas las tardes a alguna mujer, a la que luego invitaba a cenar en privado, pues su atractivo y sus heroicidades en el ruedo enloquecían a las mujeres. Sin embargo, nunca se enamoró de ninguna señorita, ya que su corazón estaba entregado a Dios. En la plenitud de su carrera, se hizo fraile.

Mondeño ingresó en un convento, dejando atrás el toreo, las mujeres, los hombres y el mundo casi por sorpresa. Siempre se le había visto fascinado por la religión, los santos y la fe cristiana. Sin embargo, esa vocación le duró solo un año, tras el cual regresó a los ruedos.

Toreábamos muchas tardes juntos, y era raro el día en que Mondeño no recibiera visitas en el hotel, antes y después de las corridas, de frailes, curas o monjas que siempre le solicitaban limosnas. Él era generoso en extremo con las causas de la Iglesia, y yo fui testigo de su religiosidad.

Una tarde estábamos en Palma de Mallorca, en un cartel compuesto por Ostos, Mondeño y Chamaco, quien sufrió una grave cornada en el primer toro de su lote, dejando el cartel en un mano a mano. Mondeño se encargó de los toros de su lote, y yo de los míos, más los de Chamaco. Todos eran mansos, reservones y violentos; se quedaban a media arrancada, sin fijarse en el engaño, mirando solo a la ingle y tratando de enganchar el muslo con sus descomunales pitones. Nos hicieron pasar verdaderos apuros durante toda la corrida.

Al regresar al hotel, en agosto de 1963, nos encontramos con que Palma de Mallorca estaba al cien por cien de ocupación. Por ello, Juan y yo tuvimos que compartir una especie de *suite* con dos dormitorios y dos baños, comunicados por un pequeño salón. Teníamos el mismo número de habitación, con un teléfono en cada cuarto, pero ambos estábamos conectados al mismo número. Después de la corrida, el teléfono sonó y, al contestar al mismo tiempo, nos sorprendió la coincidencia.

—Juan, ¿cómo ha ido la corrida? ¿Estás bien? He tenido el presentimiento de que un toro te había cogido y no sabes lo preocupado que he estado toda la tarde. Cuéntame lo que ha pasado, querido, porque estoy muy nervioso —escuché por el auricular, un tanto confundido.

—Tranquilo, querido, yo estoy bien, pero Chamaco ha sufrido una cornada grave —respondió Mondeño.

—Lo sabía, Juan, lo presentía. Algo grave había pasado, y estaba ansioso por hablar contigo, por decirte cuánto deseo verte —oí por el auricular, sin terminar de comprender lo que escuchaba.

—Ya pasó todo, mi *arma*. Yo también quiero descansar, y esta noche me voy a Barcelona. Vamos a pasar unos días juntos, así que voy a decirle a Jaime y al apoderado que no vuelvo a Madrid con ellos. Tomaré un avión a Barcelona, aunque no sé a qué hora llegaré. Espérame esta noche.

Cuando intenté colgar el teléfono, me di cuenta de que estaba tan sobrecogido y tenso que no podía soltar el auricular. No sabía dónde mirar ni qué hacer. La sorprendente e íntima conversación que había escuchado entre Mondeño y su amigo me dejó desconcertado. Cuando oí que Mondeño llamaba a la puerta de mi cuarto, me hice el dormido porque no sabía cómo reaccionar.

—Jaime, despierta, hombre, que quiero decirte que me voy a Barcelona. Te llamaré mañana. Adiós, querido.

Estuve aturdido durante una hora, hasta que, en el avión de vuelta a Madrid, mi apoderado, que también lo era de Mondeño, notó que algo extraño me pasaba e insistió en saber qué me ocurría.

—Te voy a contar lo que me ha sucedido con Mondeño, y aún no sé si lo he soñado o ha sido real —le dije, y le narré lo ocurrido.

—Jaime, entiendo cómo te puedes sentir con esta sorpresa. Yo lo sé todo; él mismo se sinceró conmigo hace unos meses. Sé que tiene ganas de hablar contigo, porque te tiene un gran cariño. Tendrás que comprenderlo, Jaime. Estas cosas pasan, y hay que aceptarlas —me dijo mi apoderado.

—A mí me ha dejado sin palabras. Tendré que esforzarme por entenderlo porque, sinceramente, esto no me lo esperaba... —confesé, confuso.

A la mañana siguiente, la primera llamada que recibí fue de Juan, invitándome a comer en Madrid cuando regresara de Barcelona, porque quería hablar conmigo a solas.

Una semana después, Mondeño me estaba esperando en la puerta del hotel Wellington, donde yo vivía, en su Rolls-Royce blanco y descapotable. Mientras bajaba las escaleras, vi a dos mujeres guapísimas salir también del hotel. Se fijaron en él y le pidieron un autógrafo.

—¡Hay que ver lo guapo que eres, Mondeño! —dijo la más atrevida.

—Gracias, mi *arma*. Tú sí que eres guapa —respondió Juan con una gran sonrisa.

—¡Vaya éxito que tienes con las mujeres! —le dije, un poco cortado.

—No te cortes, Jaime. Claro que tengo éxito con las mujeres: soy torero, rico y bastante bien parecido... Pero también tengo éxito con los hombres, y de eso vamos a hablar mientras comemos —me dijo con toda naturalidad.

El almuerzo fue íntimo y divertido, pues me contó sobre su homosexualidad con la gracia andaluza que lo caracterizaba.

—Mi secreto sigue siendo tal para el público porque no está bien visto en nuestro mundo, pero tenía que contártelo, Jaime, porque eres mi amigo.

Me lo explicó con tanta franqueza que el incómodo era yo, y así se lo confesé.

—Te entiendo, Jaime, pero no te sientas incómodo conmigo. Para mí, eres un amigo, el mejor, el más valiente y el más guapo..., pero no eres mi tipo —dijo riendo—. Ya tienes claro que tengo pareja en Barcelona; lo escuchaste por teléfono.

Su confianza conmigo fue tan contundente como su toreo. Sin embargo, al principio, mis percepciones sobre él parecían tambalearse. No comprendía cómo un torero tan «macho» delante del toro podía ser homosexual —entonces se decía «maricón»—, no me cuadraba. Sin embargo, a partir de aquella comida, empecé a modificar ciertos conceptos sobre el ser humano, el hombre y, en particular, sobre aquel torero cuya sensibilidad y categoría eran tan apabullantes como su arte.

Nuestra trayectoria taurina siguió en ascenso, pero en lo personal tanto Mondeño como yo caminábamos confusos. Yo había cometido el error de casarme en 1962 con la mujer equivocada (ella, con el hombre que no le convenía) y, un año después, Mondeño entró en una crisis de identidad que lo llevó a tomar los hábitos de novicio dominico en el monasterio de Caleruega (Burgos) el 30 de agosto de 1964.

No me sorprendió mucho, ya que Mondeño era y sigue siendo muy creyente. Siempre llevaba en su maleta el Nuevo Testamento, mantenía amistad con monseñores, obispos y sacerdotes, y recibía visitas de monjitas a quienes prodigaba su generosidad. Sabía de su homosexualidad, así que el hecho de que dejara el traje de luces y se hiciera fraile encajaba con su personalidad.

—Jaime, me hice torero para ganar dinero y ofrecer a mis padres una vida desahogada. Ahora que lo he conseguido, solo me queda cumplir con mi vocación religiosa.

—Pero, Juan, ¡primero con un novio y ahora con Dios! —exclamé sin poder contenerme.

—Ahora soy fray Juan —me contestó con una carcajada, y me relató la ceremonia de la toma de hábitos ante sus padres y familiares más cercanos.

Un año después, vino otra sorpresa: Mondeño dejó el monasterio y reapareció como matador de toros en Barcelona, el 17 de abril de 1966. Yo estaba en Sevilla, porque toreaba unos días después en la Feria de Abril. Lo llamé por teléfono después de la corrida, que no fue buena, y quedamos en vernos en Madrid una semana más tarde.

—Me imagino que dejaste el convento porque se enamoró de ti el padre prior. No me cuentes más… —le dije en broma.

—Ja, ja, ja… Este es mi amigo Jaime. ¡Vaya guasa! Así te quiero, querido mío.

Volvimos a hablar de lo humano y lo divino, de mujeres y hombres, del amor y de la pasión, y de cómo los toreros nos jugamos la vida cada tarde.

—Estaba muy confundido con mis sentimientos. Después de mucha reflexión, he vuelto con mi pareja, siguiendo el dictado de mi corazón, Jaime. Y también regreso a los ruedos porque me hace feliz torear.

—Eso es lo único importante: tu felicidad, Juan. Yo también me he equivocado; mi matrimonio es un fracaso total. Ni siquiera los hijos mejoran nuestros desencuentros de pareja. Es una ruina que solo puede acabar en divorcio.

—Jaime, haz un esfuerzo y dialoga con ella; el divorcio no está permitido en España —me aconsejó.

En aquellos años, no existía la posibilidad de divorciarse. También en esa época, ser homosexual estaba mal visto en cualquier ámbito social, y más en nuestra profesión. Ambos nos sentíamos incomprendidos, y yo no terminaba de entenderlo. Recordaba cómo nos habíamos divertido en fiestas con amigas comunes. Él me había presentado a algunas mujeres espectaculares, especialmente a una de Pamplona, que era un auténtico cañón y estaba loca por él.

—Pero dime, Juan, ¿a ti no te gustan nada nada las mujeres? —insistí repetidamente.

—Ja, ja, ja... Por supuesto que me gustan si son guapas, pero no como a ti. No me satisface acostarme con ellas. Claro que lo he probado; si no, no lo sabría. Vamos, Jaime, trata de comprender que me atrae el sexo masculino. Sé que no es lo más habitual, y menos en nuestro mundo, pero he descubierto que mi sexualidad es la que es. He tardado en aceptarme, pero ahora lo veo muy claro y tengo una pareja con la que comparto sentimientos, emociones, pasiones y proyectos.

No me resultó fácil comprenderlo. Solo después de pasar muchos días juntos hablando, de compartir carteles en tantas tardes y de recorrer incontables kilómetros por carretera, terminé entendiéndolo. Llegué a conocer a su excepcional pareja, celebramos juntos triunfos y fracasos, compartimos premios y críticas, y, sobre todo, vivimos momentos de amistad realmente inolvidables.

Veinte años más tarde, María Ángeles conoció a Mondeño y a su pareja en un homenaje que nos ofrecieron en Cartagena, organizado por el maestro Ortega Cano. El encuentro fue tan grato que decidimos quedarnos dos días con ellos.

—Eres la mujer apropiada para este monstruo —le dijo a María Ángeles.

—¿Cómo lo sabes? —contestó ella.

—Querida, lo vi desde el primer momento —afirmó Mondeño, convencido.

—Cuéntame cómo erais hace veinte años —preguntó mi mujer.

—Éramos guapísimos, sobre todo Jaime. Teníamos mucho éxito en el ruedo y fuera de él, especialmente Jaime, porque tienes un marido que ha sido un figurón del toreo y un auténtico donjuán —aseguraba Juan, feliz, recordando anécdotas—. Recuerdo una Feria de Sevilla en la que Jaime sufrió una cogida. Tres mujeres se presentaron en su habitación en la clínica: una era su novia, Luchi Contreras; otra, un bellezón de Perú, y la tercera, Anne Stromber, la ex de Roger Vadim, con quien mantenía relaciones. Las tres lloraban por él mientras simulaba estar muy grave y les pedía que salieran del cuarto. Las despachó a todas y nos dijo a su madre y a mí que lo que quería era evitar que se pelearan entre ellas —recordaba Mondeño.

—Jaime, siempre en su línea, alternando con varias al mismo tiempo —comentó mi mujer.

—Sí, Jaime siempre fue muy propenso a la infidelidad, y yo se lo criticaba a menudo... Pero tenía tanto éxito con todas que no quería perderse nada.

—Tú, sin embargo, parece que has sido un hombre muy leal —le dijo mi mujer.

—No lo creas, querida. Los toreros, en general, tienden mucho al coqueteo —apuntó la pareja de Mondeño, lo que nos provocó la risa a todos.

—Pero, Juan, ¡tú también! —criticó mi mujer—. ¡Todos los toreros son iguales, John! Tendríamos que darles un escarmiento —amenazó María Ángeles, agarrándose del brazo de la pareja de Mondeño.

Qué buenos recuerdos personales y qué grandes faenas de Mondeño tengo grabadas en mi mente. Como la del 25 de julio de 1969, en Barcelona, con el toro Estoqueador, del marqués de Domecq. Le bordó cuatro naturales con una quietud extraordinaria, fue cogido por el toro, logró desasirse de las asistencias y le dio una estocada corta, en todo el hoyo de las agujas, haciendo rodar al toro sin puntilla. A Mondeño lo llevaron a la enfermería con las dos orejas y el rabo en las manos.

Foto oficial de Jaime Ostos como matador de toros.
(Retrato de Lendinez cedido a la autora).

CAPÍTULO 7

La suerte suprema

—Tico, matar bien un toro en Madrid es muy importante. Para mí, la suerte suprema es primordial; hay que matar con la categoría que merece Madrid. Es una lección para uno mismo cuando se quiere ser figura del toreo.

—Pues mucha suerte, maestro.

Las horas previas a la corrida transcurren lentamente para el matador. A mí se me hacían muy largas y prefería estar rodeado de amigos, para no sentir la soledad que invita a la preocupación excesiva, algo que no es conveniente cuando ya se tiene asimilada la responsabilidad y el riesgo de una cogida o del fracaso.

—Maestro, preguntan por usted los de su peña de Bilbao —dijo mi mozo de estoques.

—Que suban —le respondí.

—También quieren verlo un grupo de aficionados de Valencia, otros de Vitoria y unas azafatas de Palma de Mallorca... Maestro, es una multitud —murmuró Chamorro, sin ganas de que me molestaran a dos horas de comenzar la corrida.

—Que suban de tres en tres, hombre —le dije al mozo de espadas, que nunca comprendía mi aparente tranquilidad.

Más tarde, a una hora de la corrida, nos quedamos a solas en la habitación con mi apoderado, que me observaba de reojo mientras Chamorro me ayudaba a vestirme.

—Jaime, este traje es uno de los nuevos. Me gusta el bordado, es cosa tuya, ¿verdad? —dijo Sánchez Mejías.

—Sí, me he hecho cinco trajes nuevos, y todos diseñados por mí.

—Eres un artista... Bueno, matador, dicen que está todo el papel vendido. Hay mucha expectación por los toreros y por los toros. A ver cómo salen los atanasios... Me ha llamado el ganadero; ya sabes cuánto te aprecian los de Campo Cerrado, y sus hijas, Mari Nati y Pilar. He estado con ellas tomando el aperitivo; me pidieron que te diera un beso y te desean mucha suerte. Después de la corrida, vendrán a verte. ¿Has llamado a casa? ¿Y a Écija?

Le contesté a mi apoderado con una sonrisa y un «Sí» para tranquilizarlo y demostrarle que, aunque no lo pareciera, lo estaba escuchando, aunque en mi mente solo había una cosa: la corrida.

—Los nervios y el miedo dan hambre. Con permiso, señores —dijo Jaime, disculpándose ante su mozo de espadas y el periodista, mientras se lanzaba a por la tortilla.

—Hay toreros que pierden el apetito antes de torear... —comentó el periodista.

—¡Pues yo me comería una paella! —respondió el torero.

En el patio de cuadrillas, cuando faltaban veinte minutos para el comienzo de la corrida, los toreros entramos en el patio de cuadrillas y, después de pasar por la capilla, nos saludamos y nos deseamos suerte.

—¡Te voy a dar otro repaso! —le digo a Aparicio con frialdad, aunque él sabe que fuera de la plaza le tengo gran afecto. Sin embargo, en el ruedo existe rivalidad, y sé que él estaba pensando lo mismo.

—Suerte —me dice el de Villalpando al pasar a mi lado, y yo le deseo lo mismo sin mirarlo.

Los toreros de mi época no nos dábamos ni abrazos ni la mano, y mucho menos dos besos, como hacen ahora. Hoy en día, observo a muchos toreros que llegan al patio de cuadrillas y se besan, se preguntan por la familia, se cuentan que van a ser padres, que están resfriados o se citan para jugar al golf al día siguiente. Será cuestión de temperamento, pero, a diez minutos de hacer el paseíllo, yo nunca pensaba en otra cosa que en los toros que iban a salir por chiqueros.

TERCIO DE VARAS Y DE QUITES

El picador debe situarse reglamentariamente, respetando el límite de la raya más próxima a la barrera, y llama al toro con la vara o puya, una vez que el maestro o uno de sus peones lo ha colocado en la suerte de varas con lances a la verónica, por chicuelinas, etc., rematando con un recorte que lo deja frente al caballo. «¡Je, toro…, je!», llama el picador.

Gregorio Corrochano describe perfectamente ese momento:

> El toro se arranca de lejos con casta, embiste al caballo con bravura, se emplea en la pelea que le ha planteado el picador, mete los riñones empujando con fuerza. El picador realiza la suerte con gallardía y belleza, procurando que su ejecución sea eficaz. Cuanto más de lejos se arranque el animal, mayor será su acometida. Deberá probar su arrancada y su codicia a diferentes distancias con el caballo, mientras el matador observa, atento, el comportamiento del toro, que en su encuentro con el caballo puede derribarlo y, con él, al picador, dejándolo al descubierto, con riesgo de cogida.

En la actualidad, son escasos los derribos, pero antiguamente, con la fiereza de los toros de antaño y los caballos sin peto, el espectáculo de muertes de jamelgos y cogidas de picadores formaba parte de la corrida. Así continúa Gregorio Corrochano:

> Pinchó seis veces en buen sitio, sin sufrir el menor percance. Canales dio un marronazo y puso una puya, sufriendo una caída y perdiendo el caballo que montaba. Volvió a montar otro y, de nuevo, sufrió otro tumbo mientras el caballo quedaba malherido.

En la Feria de San Isidro de 2013, vimos en la plaza de toros de Las Ventas que el tercio de varas, si se realiza con maestría, provoca ovaciones enormes en el público. Hacía tiempo que no veíamos a un picador torear con arte, pero allí estaba Tito Sandoval, de la cuadrilla de Javier Castaño, frente al toro de la ganadería de Cuadri. Midió el castigo, templó y mandó desde la altura del caballo, dando una lección de maestría y haciendo vibrar al público de Las Ventas. Fue un momento tan excepcional que se recuerda como un acontecimiento histórico, unido al extraordinario tercio de banderillas protagonizado por los banderilleros de la misma cuadrilla.

Hoy en día, los aficionados entendidos disfrutan y festejan la suerte de varas realizada con maestría y la reclaman. Sin embargo, la embestida de muchos de los toros actuales no soporta los 700 kilos de muro, peto y caballo, ni un puyazo largo. Lo más frecuente es verlos salir de la suerte sin fuerzas para continuar la lidia en banderillas y en la muleta, e incluso algunos llegan moribundos a la suerte suprema.

Después de que el toro haya recibido los puyazos reglamentarios, el torero lo saca del caballo y se lo lleva lejos para probarlo, ejecutando lances con el capote en los que también busca la demostración artística. Puede recurrir a chicuelinas, verónicas, gaoneras, manoletinas, navarras, revoleras..., según la variedad del repertorio del matador.

Los quites de Curro Puya, Cagancho, Paula, Curro Romero y Morante han inspirado crónicas taurinas de gran belleza, que describen lances vistosos, llenos de armonía, sentimiento, duende y gracia, acompasando al toro. Por eso es crucial el tercio de quites.

LA PELEA EN LOS QUITES ENTRE EL CORDOBÉS Y CAMINO

En el tercio de quites, casi todos los toreros hemos tenido nuestros roces con compañeros que han intervenido en el toro de otro, para lo cual, por respeto, se suele pedir permiso. Sin embargo, unas veces por celos profesionales y otras por no estar teniendo una buena tarde, más de uno ha tenido palabras, discusiones en el callejón e incluso peleas, como la que protagonizaron el Cordobés y Paco Camino en la plaza de Aranjuez en 1965. Yo estaba en el callejón porque toreaba al día siguiente y presencié el quite de Camino al toro del Cordobés, haciendo uso de un derecho reglamentario. Como el toro no se arrancaba, el de Camas le lanzó la montera, y vaya si lo enceló: le permitió media docena de chicuelinas que pusieron al público de pie y le valieron una ovación delirante.

Al minuto, el Cordobés estaba pidiendo permiso a la presidencia para comenzar la faena de muleta, mientras Camino atravesaba el ruedo para irse a otro burladero. El público, que aún recordaba las chicuelinas, le renovó otra ovación, lo que enfureció al Cordobés. El torero, viendo que el toro se había venido abajo, lo mató mal y recibió una bronca, poniéndose en una situación comprometida. Al llegar al callejón, increpó duramente a Camino.

—Desgraciado, cabrón... —le espetó.

—Eso tú, hijo de p... —respondió Camino, sin contenerse. La discusión pasó de las palabras a los hechos en una pelea en pleno ruedo, y algunos corrieron a separarlos.

Otro quite que recuerdo muy bien fue en Las Ventas, el 22 de mayo de 1978. Al toro Clarín, de la ganadería de Manolo González, lo sacó del caballo Manzanares. Se colocó de perfil al toro, con la pierna contraria adelantada, desplegó el capote en abanico y movió los brazos en círculo, desde mucho antes de que llegara el toro y hasta darle salida, con un empaque enorme y una lentitud mágica, toreando por verónicas a compás abierto.

Fue replicado por el Capea, quien citó de frente al toro, esperándolo hasta ceñirse el capote al cuerpo, para luego girar en sentido contrario, con el engaño a su alrededor, toreando por chicuelinas y enardeciendo al público, que de pie tributó a los dos toreros una extraordinaria ovación.

SEGUNDO TERCIO: LA SUERTE DE BANDERILLAS

Después de los consabidos quites, el tercio de banderillas tiene por objetivo reanimar y alegrar al toro, aunque también contribuye a quebrantarlo. Es realizado por los banderilleros del matador, mientras él se retira al burladero y observa el comportamiento de la res.

Tuve en mi cuadrilla a los mejores banderilleros.

—En el quiebro, el torero se queda quieto, obligando al toro a cambiar su viaje justo en el momento del cruce, en el embroque —sentencia mi banderillero Luis González.

—O entrando de frente. Sales andando hacia el toro y, cuando estás muy próximo a su cabeza, inicias el cuarteo en el momento de arrancar. Es muy arriesgado porque se hace en muy poco terreno —asegura el Vito con experiencia.

> Cuarteando, o al sesgo, metiendo los brazos: la manera más clásica de banderillear es al cuarteo a media vuelta. El diestro va corriendo detrás del toro, siguiéndole en su viaje, hablándole, buscándole el costado hasta ponerse cerca y, cuando se vuelve, se cuadra con el toro, mete los brazos, coloca los palos y se marcha por su terreno, despacio y con gallardía.

Así banderilleaba el Vito, según lo describe Jean Cau.

Mi cuadrilla, Pepe, Luis y el Vito, banderilleaban con una perfección suprema.

El público de Bilbao admiraba a mi cuadrilla de forma muy especial, porque ponían pares de banderillas tan sensacionales que calaban en los entendidos. Recuerdo ver a los tendidos en pie, reclamando su presencia en el tercio. Ellos se quitaban la montera y recibían ovaciones enormes.

Una tarde en la plaza de Vista Alegre, Luis y Pepe bordaron el toreo con las banderillas, y el público de Bilbao les tributó una ovación extraordinaria, mientras el Vito, que había bregado con el capote, los miraba emocionado.

Entonces, me acerqué al burladero, le pedí a mi mozo un par de banderillas y se las llevé al Vito, quien se plantó a 15 metros del toro, con los palos a media altura, moviendo las piernas a cámara lenta hasta que se arrancó hacia adelante, subió los brazos, clavó en todo lo alto y salió despacio y elegantemente del encuentro. El público enloqueció, aplaudiendo al Vito.

—¡Gracias, maestro! —me dijo el Vito, llorando.

El día de mi alternativa en Zaragoza, el 13 de octubre de 1956, mi banderillero Pepe recibió una cornada cuando ya estaba encima del toro, clavándole las banderillas.

—No es nada, Pepe, no te preocupes, mi *arma* —le decía el Vito, llevándolo en brazos a la enfermería.

—Me muero, Julio, me muero, díselo al maestro —escuché que decía Pepe mientras me dolía el alma.

Salí a torear angustiado por la cornada de mi banderillero y, cuando terminé con el toro, corrí a verlo muy preocupado.

—Maestro, deme un abrazo antes de que me muera —me dijo al verme en la enfermería, y se desmayó en mis brazos.

Pasé más miedo por Pepe que con una cornada mía, porque la cuadrilla era para mí más importante que mi familia.

Tuve la mejor cuadrilla del toreo. Nadie ha puesto los palos como ellos, con una técnica impecable, con belleza, con arte. Salían del toro andando despacio, con un empaque y una elegancia que echo de menos en los ruedos. Además, como el Vito, nadie ha sabido tanto de toros.

—Maestro, le he visto grandes faenas, a usted y a otros matadores, pero como la que le hizo al toro de Antonio Pérez en Bilbao, ninguna, ni de nadie.

—¡Vamos, Julio!

—Maestro, se lo juro. Lo que usted le hizo a aquel manso y peligroso fue oro puro. Yo le hice la brega, vi las malas intenciones de aquel bicho y me quedé estupefacto ante los seis naturales que le dio, tan lentos y serenos, con una clase soberbia y sin inmutarse, con un valor descomunal. Que me lo digan a mí, maestro…

Los subalternos suelen ser personas muy cercanas al toro, que han soñado con ser toreros y que, por diferentes circunstancias, cornadas o mala suerte, no llegaron a tomar la alternativa. Sin embargo, los hay grandes con la puya, con la capa y con las banderillas. Y los míos, los mejores.

Hubo épocas en que futuras figuras del toreo comenzaron su carrera como banderilleros, como Lagartijo, Rafael Molina Sánchez (1841-1900), que fue banderillero en las cuadrillas de Pepete y de Gordito, quien le dio la alternativa en Úbeda (Jaén), en 1865, y llegó a ser un figurón del toreo, apadrinando en los doctorados a Ángel Pastor, a Frascuelo y a Guerrita, casi nada.

Lo mismo ocurrió con Rafael Sánchez Bejarano, Guerrita (1862-1941), que figuró de banderillero en las cuadrillas de Niños Cordobeses, de Fernando Gómez el Gallo y de Lagartijo, quien lo doctoró en Madrid en 1887. Él daría la alternativa a Reverte, al Ecijano y a Conejito.

Otro tanto ocurrió con el gran Ignacio Sánchez Mejías (1891-1934), que fue primero banderillero del que sería su cuñado, Joselito el Gallo, quien lo doctoró en 1919. Años más tarde, él apadrinaría a Gitanillo de Ricla y a Fausto Barajas.

Muchos banderilleros no llegaron a doctorarse por culpa de graves cogidas o porque era muy difícil destacar en tiempos de grandísimas figuras del toreo, y decidieron acomodarse como grandes subalternos. Pero los buenos eran esenciales para el matador.

Yo sabía que tenía la mejor cuadrilla. Una tarde en Sevilla, con un toro de Peralta, Luis González tomó los palos, le llegó al toro con gallardía, con finura y con gracia, los clavó y salió andando reposadamente. Lo mismo hizo el Vito en el segundo par, mientras Pepe bregaba con el capote suavemente.

Los aplausos y los «olés» a mi cuadrilla reventaban los tendidos. Cuando salí al ruedo con la muleta, los llamé y les ordené a los tres que salieran al tercio. Les brindé la faena.

—Sois unos hijos de p..., pero sois los mejores, y os voy a brindar este toro. Voy a armar un taco para que sepáis que dentro de veinte minutos el público ya no se acordará de lo vuestro, sino de mi faena.

Le corté las dos orejas al toro y se las entregué, emocionado, a ellos, a mi cuadrilla.

—¡Maestro, usted sí que es un hijo de p...!

El éxito de la cuadrilla es éxito para el matador, y viceversa. Mi cuadrilla era el mejor equipo de profesionales, porque no solo sabían de toros, sino que además no se equivocaban nunca con respecto a lo que es la fiesta.

Mi cuadrilla era mi gente más cercana; los quería y los respetaba porque siempre me demostraron su categoría en el ruedo y fuera de la plaza. Éxitos, fracasos, soledades…, lealtades. En fin, ellos fueron la garantía de nuestra sagrada amistad.

FAENA DE MULETA Y LA SUERTE SUPREMA

Después del brindis, el torero va en busca del toro para iniciar la faena de muleta. Su uso, en los primeros tiempos de la tauromaquia, durante los siglos XVIII y XIX, estaba limitado a llamar la atención del toro, dirigir su embestida, castigarlo para restarle violencia, ahormarle la cabeza, corregirle defectos e, incluso, realizar algunas florituras antes de la suerte suprema con la estocada.

La muleta no cobró verdadera importancia y jerarquía hasta que Costillares comenzó a ejecutar los pases naturales y de pecho, llevando la muleta en la mano izquierda y la espada en la derecha, consiguiendo así, con el engaño, preparar al toro para la muerte, que era el objetivo de la corrida, facilitando una ejecución eficaz de la suerte suprema.

Yo he toreado astados que se quedaban, que no pasaban por falta de bravura, de fuerza o de codicia. Entonces, recurría al toreo de cerca, poniéndoles la muleta en el hocico para provocar la arrancada, porque, aunque sea en defensa propia, el animal muestra acometividad, y el torero debe aprovecharla. Si la arrancada es débil, se debe manejar la mano con suavidad y el temple preciso en la muñeca para conseguir que el toro pase, tirando mucho de él con la muleta bien mandada, y, si el toro tiene mucho sentido o modifica su arrancada de repente, el torero ha de preverlo.

«Al toro hay que darle lo que pida», decían los antiguos aficionados. Al toro hay que «empaparlo» en la muleta. Lo más ortodoxo es tomarlo de frente, ir girando paralelamente y cargando la suerte, acompañándolo hasta finalizar el pase y rematar de frente para enlazar otra serie sin interrupción.

—Te pones aquí y, si no te quitas tú, te quita el toro —dijo Lagartijo.

—Tú te pones aquí, y si sabes torear, ni te quitas tú, ni te quita el toro —lo contradijo Belmonte.

—Jaime, ni me quito, ni me quita el toro, porque soy yo quien lo obliga, con la muleta, a desviarse de su camino, con valor y los conocimientos precisos, para dar emoción —me manifestaba Juan Belmonte.

—Para eso hay que ser un revolucionario del toreo y un instaurador definitivo de la pureza en la tauromaquia, como usted lo ha sido, maestro.

—Así debe ser —confirmaba Belmonte, mientras se rascaba la barbilla.

—Y esa teoría de que para ligar pases no hay que adelantar la pierna… —le insinué al maestro.

—La pierna hay que adelantarla de salida y en todos los pases. Si vas a dar un natural, adelantas la izquierda y, con el brazo extendido en toda su longitud, llevas al toro «empapado» en la muleta, hasta tan lejos que puedas ganarle terreno y ligar el pase siguiente sin retroceder, lo cual implicaría retrasar la pierna… ¡Jaime, eso es lo que yo te vi hacer en la Maestranza el año pasado! —recordó Belmonte una semana antes de quitarse la vida.

TOREAR CON EL ESTOQUE DE VERDAD

Yo siempre he toreado llevando la muleta prendida de la espada de matar, la de verdad.

—¡Jaime, eres el único torero al que he visto torear con el estoque de matar! —comentaba muchas veces Belmonte—. Eso es de valientes y de listos, porque llega un momento en que sabes que es la hora de la verdad, y, si llevas la espada, no pierdes el tiempo yendo al burladero a cambiarla; no dejas que el público se enfríe. Yo vi cómo el público de Sevilla pedía las orejas antes de que entraras a matar aquel toro, y, como llevabas el estoque, entraste en el momento preciso. ¡Qué volapié, muchacho…! El toro cayó de inmediato, sin puntilla, y los tendidos echaban humo —recordaba Belmonte.

Aquel toro era algo tardo por el derecho y se resistía a embestir por el izquierdo, aunque, cuando lo hacía, respondía de manera inmejorable. Insistí hasta mecerlo en la muleta, dándole con los vuelos en el hocico. Le ligué tres pases y el de pecho, otros tres y un trincherazo, provocando un auténtico clamor en los tendidos. Volví a repetir una tanda más, empalmando dos, tres, cuatro naturales y el de pecho. Cambié la muleta a la mano derecha y le di varios cambiados, ayudados y otro de pecho antes de entrar a matar. El público pedía las orejas antes de la suerte suprema.

—¡Eso es un verdadero orgasmo, Jaime, eso produce orgasmos! —aseguraba Belmonte.

—Antes, el toreo era una lucha, Jaime, porque el toro estaba muy encastado; era más violento y áspero —me decía Luis Miguel una tarde de 1989 en Las Ventas, invitados en el palco de Canal Plus.

—Los toros han perdido fuerza, y el toreo ha evolucionado… —afirmé.

—¡Si nos cogiera a nosotros en este momento, con estos toros, Jaime…! —insistía Luis Miguel.

—¿Te acuerdas de la tarde con el toro de Palha aquí en Madrid? —le pregunté.

—¡Cómo no voy a acordarme! Veníamos de Écija, habíamos toreado en tu pueblo con Pepe Cáceres, que tuvo una cornada. Llegué a Madrid de madrugada para enfrentarme a aquellos bichos… ¡Qué moles de toros! Me jugué la vida a base de bien, pero le saqué muletazos enormes.

—¡Enormes, Miguel! —afirmé.

—Me dieron un aviso; entré a matar y dejé al toro patas arriba, de una estocada colosal, sin puntilla. El público pidió la oreja, pero el h. de p. del presidente no la concedió. Aun así, di dos vueltas al ruedo.

—Estuviste superior, y la estocada era de oreja —le recordé.

—¡Había que ver cómo eran aquellos toros! Salían queriendo asesinar… Los Palhas, los Pablo Romeros, los Urquijos, Atanasios, Cobaledas…, todos nos pedían el carné de identidad. Había que dominar y exponer mucho para hacerles faenas. Qué mérito teníamos, Jaime; éramos unos tíos, reconócelo —seguía recordando Dominguín.

UN VOLAPIÉ DE BELMONTE

—Jaime, yo lloré la tarde del 21 de abril de 1915, en la Real Maestranza, después de matar al toro de Miura, Cordelero.

—¿De un volapié, maestro? —le pregunté.

—De un volapié de canela, Jaime, del que salí empitonado y derribado, como era de esperar, porque el Miura adelantaba las manos. Pero le eché agallas y entré, a una cuarta de los pitones, derecho y recto. Le puse el estoque en todo lo alto y rodó sin puntilla.

—¡Un volapié como mandan los cánones, maestro!

—Como marcan los códigos de la tauromaquia, Jaime, como tú lo haces: colocándote a poca distancia, con el codo derecho a la altura del pecho y el estoque inclinado hacia el morrillo del toro, empinándote, como tú te empinas para crecerte, adelantando la muleta con el brazo izquierdo, por delante, para tocarle las babas en el hocico mientras levantas la derecha y le colocas en todo lo alto el estoque —relataba Belmonte.

Cuando el torero ve que el toro hace por él, hay que matar recibiendo: citas al toro con la muleta en la izquierda, muy baja; adelantas el pie izquierdo, sin enmendarse ni salirse de la suerte; cargas la suerte, uniendo al mismo tiempo los dos pies, y esperas la reunión en el menor terreno; clavas la espada en el morrillo, cruzándote y dándole salida por la cadera derecha.

Si el toro se arranca inesperadamente, el matador sale a su encuentro, cruza, coloca el estoque y sale por los costillares, lo mismo que en el volapié.

He matado con perfección muchos toros, esperando la acometida, una vez perfilado, echando el pie derecho hacia atrás en lugar de adelantar el izquierdo, metiéndole la muleta en el hocico, marcándole la salida, y, al humillar, le he colocado la espada sin moverme, consumando la suerte de recibiendo. Esta suerte apenas se practica en la actualidad y suele confundirse mucho con la de aguantando, donde el matador espera al toro y lo vacía con un quiebro de cintura y de muleta, resistiendo la embestida.

El volapié ha sido mi suerte preferida por su belleza y clasicismo, siempre con el toro igualado, dejándome ver desde lejos, perfilándome a la distancia adecuada… Tres pasos: me acerco al toro, despacio y en rectitud; le adelanto la muleta con la mano izquierda hasta tocarle las babas; la bajo para que la siga con la cabeza, y, antes de rematar el encuentro, aprovecho la humillación del toro y coloco el estoque, saliendo de la suerte por pies.

HAY QUE MATAR BIEN PARA CORTAR OREJAS

Para que el público pida los trofeos, debe valorar la ejecución de la suerte suprema, más incluso que la faena de muleta. Si esta, aunque extraordinaria, no culmina con una estocada o un descabello eficaz, el público no pide la oreja. Los pinchazos en la suerte contraria, los espadazos o descabellos atropellados desvirtúan la buena faena de muleta. Las reglas en el toreo están para cumplirse, y, si una faena magistral no se culmina con la espada, no se piden orejas, por respeto a la suerte de matar, que da nombre al matador de toros.

En mi época, las ovaciones por una gran faena sin remate con el estoque no cautivaban tanto a los tendidos como hoy en día. Ahora prima, sobre todo, la torería con el capote y con la muleta: la majestuosidad en los naturales de Talavante, las soberbias verónicas de Morante, el repertorio de quites del Juli, el sereno temple de Ponce, los ajustadísimos redondos de Perera, el toreo largo del Cid, el empaque de Manzanares..., inapelables lecciones de torería que enamoran al público. Pero, si no culminan con una estocada bien ejecutada, bien colocada y eficaz, el triunfo es incompleto y sobran los trofeos.

«¡Se me cerró la puerta grande por la espada!», reconocen toreros como el Cid. «¡Por pinchar, no le dieron las orejas!», dice el público al salir de la plaza.

Y también hay faenas de muleta mediocres que, al culminar con un volapié extraordinario, incitan al público a pedir la oreja, que el presidente concede, confirmando así la importancia de la suerte suprema.

Todos los matadores hemos perdido trofeos por culpa de la espada, incluso aquellos con fama de grandes estoqueadores. En mi caso, a veces, por empeñarme en realizar la suerte según los cánones o por pinchar en hueso, aun cuando he ejecutado la suerte a la perfección, lo mínimo que se le puede exigir al torero.

Primer triunfo como novillero de Jaime Ostos
en la Real Maestranza de Sevilla.

CAPÍTULO 8

El brindis

El brindis es un gesto en el que el torero dedica la muerte de un toro a alguien importante en la plaza o al público en general con un «¡Va por ustedes!». Es un reconocimiento especial hacia una persona o grupo.

Todos los toreros hemos brindado a Franco, al príncipe y luego al rey, don Juan Carlos. También a ministros, a personalidades de renombre, a familiares, a partidarios y a muchas mujeres. Solía hacerse, unas veces, por gusto personal; otras, por obligado protocolo, y, en ocasiones, porque te lo piden.

BRINDIS A DON JUAN CARLOS DE BORBÓN

Toreaba en Zaragoza y me crucé en el *hall* del hotel con el entonces príncipe Juan Carlos, que venía a saludarme.

—Muy buenas, maestro —me dijo el príncipe.

—Señor, qué honor verle y saludarle. Ya sabe que toreo esta tarde. ¿Tiene entradas?

—No tengo entradas, Jaime, está todo vendido.

—Esto lo arreglo yo enseguida. Pase a la cafetería, tómese un cafelito y voy a buscar una entrada para usted.

Regresé a la cafetería y vi al príncipe rodeado de gente, pero, en cuanto me vio, se acercó a mí.

—Aquí tiene su barrera, señor. A ver si me sale un buen toro y se lo brindo.

Le brindé un buen toro y, al dar la vuelta al ruedo, le lancé la oreja. Dos horas más tarde, don Juan Carlos se presentó en mi habitación del hotel para darme las gracias e invitarme a cenar. Cenamos solos y le estuve contando que conocía a sus padres: a don Juan, por haber coincidido con él en algunos eventos sociales en Madrid, y a doña María, porque era conocida su afición a la tauromaquia y a la Feria de Abril. Acudía a la Maestranza todos los años y le he brindado más de un toro.

—Me siento feliz de haberte visto torear y triunfar, y de estar aquí contigo. Habrá que celebrarlo en algún sitio, ahora.

—¿Señor...?

—Llámame Juan Carlos entre nosotros —me puntualizó el príncipe.

—Bien, porque está en Zaragoza la compañía de Coslada, y soy muy amigo del dueño y de algunas *vedettes* preciosas que me han invitado. Tú vienes conmigo a ver su espectáculo.

—Qué buen plan, Jaime. Vosotros, los toreros, siempre tenéis a mano a las mujeres más guapas, pero yo llevo en la academia militar más de tres meses sin comerme una rosca...

Después de ver el espectáculo, fui al camerino para dar un abrazo a Coslada y saludar a las chicas, las *vedettes* más impresionantes que había en cartelera. Dos de ellas, muy amigas mías, se unieron a nosotros y las llevé a la mesa para presentárselas al príncipe. La reunión fue muy simpática, amistosa e incluso bastante «caliente», tanto que nos fuimos los cuatro a mi habitación del hotel. La cama se nos quedó pequeña, pero, cuanto más cerca los cuerpos, mayor la confianza. Desde aquel día he tenido el honor de ser amigo del que años más tarde ha sido nuestro rey.

—Lo cuento porque el príncipe estaba soltero, y yo también —le digo a mi mujer.

María Ángeles me pregunta si, después de aquello, no hemos sentido rubor al encontrarnos.

—No, no. ¡Qué rubor ni qué gaitas! —le respondo—. Al contrario, siempre me ha demostrado amistad, cercanía… ¿Recuerdas hace unos años en Formentera, navegando con Sara Montiel y Pepe Tous, cuando coincidimos en alta mar con él y cómo nos atendió? Tú habías perdido un bikini que habías colgado en la proa, pero se lo llevó el viento. Don Juan Carlos lo encontró y te lo llevó al barco de los Tous.

—Me sentí muy intimidada en aquel encuentro, lo mismo que cuando me presentaste una noche en Mallorca a Julio Iglesias en un restaurante en Puerto Portals, donde me confesó que en sus comienzos como cantante le habías cambiado un vuelo de Málaga a Madrid de turista a primera para ir juntos, y que lo recordaría siempre.

—Ya se sabe el prestigio mundial de Julio Iglesias como artista, pero yo también sé de su humildad y de su categoría humana.

BRINDIS AL PRESIDENTE DE PERÚ

«Un altercado policial en Sevilla… Han secuestrado al presidente de Perú en casa de Jaime Ostos», anunciaba el diario *ABC de Sevilla*.

Yo le había brindado un toro en Lima al presidente de Perú en 1960, y él me compensó con una fiesta en su palacio, donde, por primera vez, vi cocaína en bandejas al alcance de todos los invitados.

—Maestro, qué gran faena la suya esta tarde. Le agradezco enormemente su brindis. Ahora está en mi casa, y quiero que disfrute de la velada.

Nunca había visto coca en mi vida, y allí la ofrecían a granel. Las mujeres, guapísimas, iban de un lado a otro conversando con los invitados, al igual que algunos hombres muy atrevidos que intentaban ligarme. Me aparté de ellos cuando noté cómo me miraba una señora que se iba acercando.

—Le veo algo desorientado, maestro.

—Natural, aquí no se sabe quién es quién.

—Permítame presentarme, soy la esposa del presidente, y usted es nuestro invitado. Si lo desea, estaré encantada de atenderle.

Busqué con la mirada al presidente y lo vi abrazado a una mujer, mientras su esposa me rodeaba con sus brazos, sin ningún rubor y con mucho agrado. Aquello era una novedad para mí, y me dejé llevar por ella, aunque Ordóñez, que también estaba invitado, me lanzó un gesto con los dedos indicando su desaprobación.

Al día siguiente, amanecí en la cama de mi hotel junto a la primera dama de Perú, y recibí una llamada de Ordóñez advirtiéndome de que mi vida corría peligro.

Por fortuna, al día siguiente partía hacia Colombia, lo que me permitió dejar atrás cualquier distracción. Mi objetivo en América era torear y triunfar.

Un año después, en Sevilla, recibí una llamada telefónica. Mi mozo de espadas me anunció que era el presidente de Perú.

—Chamorro, nada de guasas —le dije.

—Maestro, es el presidente de Perú.

Cogí el teléfono, muy nervioso.

—¡Caramba, presidente, qué alegría!

—Maestro, ya le había anunciado que vendría a Sevilla, y le estoy llamando para que me muestre lo que es la Feria de Abril.

—Es un honor, presidente. Le recibiré como se merece. No haga más planes que venir esta noche a mi casa. Aquí va a disfrutar del buen flamenco.

Enseguida llamé a Mairena, a Valderrama y a Caracol: les pedí que trajeran a las mejores bailaoras, las mejores cantantes de Triana, guitarristas y todo lo necesario. Encargué kilos de marisco de Huelva. Una hora después de que el presidente llegara a mi casa, en la calle Oriente, mi mozo de espadas se me acercó para decirme que la casa estaba rodeada de policías y guardias civiles.

Salí a la puerta y me informaron de que el presidente de Perú estaba en Sevilla, pero que no daban con su paradero; solo sabían de la llamada que me había hecho, y querían saber si yo tenía más noticias.

Entré en mi casa y vi al presidente embelesado con una bailaora.

—Maestro, diga a la Guardia Civil que estoy de visita privada. Si es necesario custodiarme, que se quede una pareja de seguridad en el jardín y otra en la puerta de la casa, pero que nos dejen tranquilos.

En la primera edición de *ABC* apareció en portada que el presidente de Perú había desaparecido tras su llegada a Sevilla y se temía que hubiera sufrido un secuestro. Cuatro horas más tarde, en una segunda edición del periódico, se anunciaba que el presidente de Perú estaba «secuestrado» en casa de Jaime Ostos, disfrutando de una velada de flamenco.

—Con su permiso, señoría —dijo Rigores.

Plaza de toros de Madrid, 11 de mayo de 1801. Toreaban Paquiro y Rigores, quien brindó la faena al rey Fernando VII. Tras dar muerte al toro, el monarca le lanzó unos puros desde el palco, y el diestro se los metió entre la faja, donde quedaron. En su segundo toro, el diestro fue cogido, pero el cuerno resbaló sobre el paquete de puros, lo que impidió una cornada.

—Menos mal que no los saqué para fumarme uno —le dijo el diestro al monarca después de la corrida.

—Venga usted a palacio, don Roque Miranda, es usted nuestro invitado para cenar esta noche —lo invitó el rey.

—Majestad, no me llamo don Roque, yo soy Rigores, señor —respondió el matador con simpatía.

—Permítame que yo le llame don Rigores, porque usted es merecedor del «don» y con mayúsculas —contestó Fernando VII.

Por otra parte, en Zaragoza, en 1859, en plena guerra de España con Marruecos, Cúchares brindó al presidente de la corrida con estas palabras: «*Zeñó* presidente, brindo por su usía, por su acompañamiento y para que ganemos la guerra contra el moro».

Asimismo, en 1898, en Sevilla, cuando España estaba en guerra con los Estados Unidos, Mazzantini brindó al alcalde de la ciudad andaluza con su estilo ampuloso: «Por el señor alcalde que regenta esta noble ciudad, por el triunfo del Ejército y de la Armada española contra Estados Unidos». Y añadió: «Hago votos para que los corazones de todos los españoles vibren al unísono en el sacrosanto nombre de la patria».

En definitiva, tres brindis que quedarían inmortalizados en la memoria histórica.

BRINDIS A LOS INTELECTUALES

Don Benito Pérez Galdós asistía con frecuencia a las corridas y se sentía orgulloso de que Machaquito le brindara un toro.

Azorín, que había criticado «el lamentable espectáculo de las corridas» en «Toritos barbarie», sucumbió posteriormente a la tauromaquia, a raíz de un brindis que le hizo Belmonte y de la posterior relación amistosa que mantuvieron. De esa amistad surgiría una admiración tan grande que Azorín se «abelmontizó» y se convirtió en defensor de la fiesta. «Los toros son nacionales, lo afirmo yo, convicto y converso, porque en las corridas advertimos, con toda nuestra sensibilidad, que algo trágico se decide en un momento», escribió el insigne escritor.

No solo Azorín se hizo belmontista; también Valle-Inclán, quien solía contar en sus tertulias literarias sus recorridos a caballo por las dehesas de ganado bravo en compañía de Juan Belmonte.

La intelectualidad española de aquel momento, la Generación del 98, compartía, al igual que la burguesía y el pueblo llano, la afición taurina, mostrando su reconocimiento y acabando con los prejuicios antitaurinos. Incluso Unamuno simpatizó con el Pasmo de Triana.

Allí estaban García Lorca, Pérez de Ayala, Marañón, Ortega y Gasset, Sebastián Miranda, Zuloaga y Jorge Guillén, orgullosamente interesados por la fiesta, envueltos en entusiasmo por la estética y el drama de la corrida, por el héroe que se enfrenta al toro, y utilizando la tauromaquia como fuente de inspiración.

A Camilo José Cela, tras su Nobel, le brindaron numerosos toros los maestros del momento. Un día, el propio Cela me contó que se encontraba presenciando una corrida en una barrera de la plaza de toros de La Coruña cuando el Soro lo sorprendió con un brindis, diciéndole: «Maestro, tengo el honor de brindarle la muerte de este toro a usted, que ha sido maestro de maestros y que ha dejado en la historia de la tauromaquia extraordinarias faenas para el recuerdo».

—Creo —me refirió Cela— que alguien de su cuadrilla o el apoderado le había dicho que en la plaza estaba el maestro Marcial Lalanda, y que sería un bonito detalle brindarle un toro. El Soro me confundió con el gran Marcial, pero acepté el brindis encantado. ¡Ya me hubiera gustado a mí ser Marcial, el más grande!

En cuanto al ya mencionado Hemingway, este se creía un divo, y por mucho Nobel que tuviera, un divo pasado de copas es lo más insufrible. Desde que le brindé el segundo toro de mi alternativa en 1956, en Zaragoza, nuestros encuentros fueron casi diarios. Compartía cartel con Ordóñez y Dominguín, y ahí estaba él, e incluso venía a verme cuando toreaba con otros compañeros en Bilbao, San Sebastián, Vitoria o Barcelona.

El Nobel siempre buscaba protagonismo junto al triunfador de la tarde, avasallando y mostrándose sin recato, siempre detrás de una foto. Se olvidaba de sus lazos de amistad con sus cuñados, especialmente con Ordóñez, y más aún cuando alguno de ellos había tenido una mala tarde; en esas ocasiones huía de ellos. El segundo y último brindis que le hice fue en Pamplona. Me invitó a cenar y acepté por educación.

—Ernesto, te veo sobreexcitado por mi triunfo.

—Sí, Jaime, por el placer que me procura tu cercanía con el héroe.

Estaba tan borracho que aproveché para decirle que sus escritos sobre toros eran una basura, llenos de mentiras sobre la relación entre Ordóñez y Dominguín. Se molestó y empezó a hacer el payaso con excesos verbales que no estaba dispuesto a escuchar. Abandoné la mesa mientras sus exabruptos eran abucheados por todos los que cenaban en el restaurante y por quienes llenaban el *hall* del hotel. El director tuvo que acudir en su ayuda, aunque no pudo moverlo de la silla, dejándolo recostado sobre una botella de vino, completamente borracho.

A Juan Belmonte le divertía mucho que le contara estos cotilleos sobre Hemingway. Decía de él que iba dando clases de tauromaquia sin conocimientos, sin más visión que la tendenciosidad, el morbo y la novelería que añadía a sus crónicas para que leyeran y pagaran a precio de oro lo que escribía.

BRINDIS POR FAVORES Y COMPROMISOS

En Vitoria iba a torear la corrida de Miura y, por la mañana, recibí en la habitación del hotel a amigos, aficionados y a dos hermanos, hijos del dueño de las bodegas Muga, quienes me pidieron un brindis para su padre.

—Maestro, mi padre es muy partidario suyo, y una de las pocas ilusiones que le quedan es que usted le brinde un toro esta tarde. Sería para él uno de los momentos más felices de su vida.

—Si el toro sale bueno, eso está hecho —prometí.

La corrida salió muy dura, pero me gustó el segundo toro de mi lote y se lo brindé al bodeguero. Le corté las orejas al de Miura y mi vuelta al ruedo, con los trofeos en las manos, fue apoteósica.

El señor Muga, dueño de las bodegas, organizó en su casa una cena en mi honor, a la que acudí encantado. Tuve el placer de conversar con él durante la cena y, en los postres, se levantó, cogió una botella que tenía hasta telarañas, la abrió con mucho cuidado y un esmero que parecía que tenía en las manos una joya de reliquia. Comenzó su brindis personal:

—Señores, tenía tres botellas de vino guardadas especialmente para abrirlas en momentos muy especiales de mi vida. Una la abrimos cuando nació mi primer hijo; otra, con el nacimiento del segundo, y la tercera es esta, que voy a abrir esta noche en honor de mi invitado, el maestro Jaime Ostos, por el toro que me ha brindado y por la faena que ha realizado.

Con la botella en las manos, el bodeguero inició su apertura con mucho misterio y ejerciendo todo un ritual, como si se tratara de una ofrenda sagrada. Después cogió una copa, sirvió vino, me la ofreció y, mientras se servía en la suya, yo, de forma espontánea, alcancé una botella de gaseosa que había en la mesa y llené la mía hasta arriba de gas.

—¡Hijo de p...! Pero ¡¿qué ha hecho?! ¡Eso es un sacrilegio! —gritó el señor Muga, escandalizado, llevándose las manos a la cabeza, y, como poseído por el demonio, continuó gritando.

Me levanté muy molesto por los insultos y abandoné la casa, seguido de sus hijos, quienes, en la puerta, me explicaron lo que para su padre significaba haber mezclado su vino con gaseosa.

—Yo no bebo vino y, por no desairar a su padre, le he dado un sifonazo para no hacerle el feo de no brindar con ustedes —les expliqué.

Me convencieron para volver a entrar en la casa, me disculpé con el señor Muga y él conmigo. Olvidamos lo sucedido y pasamos una velada muy grata. Aunque, años más tarde, sus propios hijos me confesaron que el padre nunca perdonó mi sacrilegio. Aun así, cada año, por Navidad, recibo en mi casa una caja de vino de una cosecha especial de Muga.

MI BRINDIS A FAYE DUNAWAY

El brindis a una mujer suele tener sombras o luces muy alargadas. Así ocurrió en Almería, en 1968. Al terminar el paseíllo y acercarme al burladero de capotes, vi a una explosiva mujer que me miraba fijamente. Pregunté por ella y me dijeron que era la actriz estadounidense Faye Dunaway, que estaba en España rodando la película *El amante*, de Vittorio De Sica, con Marcello Mastroianni, su pareja sentimental por entonces.

No me quitaba los ojos de encima, y yo también le clavé la mirada, así que a la hora del brindis me acerqué a su barrera, le lancé mi montera y le brindé la lidia del toro. Fue una faena sensacional; le corté las dos orejas, y, al recoger la montera de manos de la actriz, me dijo:

—*I love you.*

Después de la corrida, mi habitación del hotel estaba llena de gente, pero fue fácil notar la llegada de la señorita Faye. La saludé, le firmé un autógrafo y me di cuenta de que se quedaba en la habitación sin quitarme la vista de encima.

—Dice la muchacha que está hospedada en este mismo hotel y que, si no te importa, se queda un rato —me dijo mi mozo de espadas.

—Dile que la invito a cenar cuando se vaya esta gente. ¿Te entiendes bien con ella? Me han dicho que es americana —le pregunté a Chamorro.

—Maestro, la señorina *parla* italiano, la entiendo más o menos.

Faye hablaba italiano porque entonces tenía una relación sentimental con su compañero de rodaje, Mastroianni, y chapurreaba español, así que no fue difícil entablar conversación mientras cenábamos. Después subimos a tomar una copa en mi habitación y empezamos a oír voces en el pasillo.

—Es Marcello. Dile a tu mayordomo que le diga que *je ne pas ici* —me pidió mi invitada sin querer abandonarme.

—Chamorro, dile al señor que está llamando a la puerta que *elle no pas ici.*

—Señor Mastroianni, me han dicho que le diga que la señorina Faye *no pas ici* —dijo mi mozo de espadas, dejando al actor italiano perplejo y cerrándole la puerta en las narices.

Pasamos la noche juntos en mi habitación, mientras Mastroianni se quedó sentado en el suelo frente a la puerta, como un cabestro, hasta altas horas de la madrugada, cuando se quedó dormido. Faye aprovechó para salir a hurtadillas por la habitación de Chamorro, contigua a la mía, sin ser vista.

Al mediodía, dejé el hotel y, al dirigirme al coche, vi a Faye junto a mi Mercedes, sentada sobre su maleta.

—Me voy contigo, Jaime. Me he enamorado de ti. Llévame a donde vayas.

Los encantos de la joven me volvieron loco, y nos fuimos juntos a Vitoria, seguidos por unos guardias civiles que llevaban una orden para que la actriz regresara a Almería para continuar el rodaje de la película.

—Maestro, tenemos que detenerle porque ha secuestrado a una menor —me dijo la pareja de guardias civiles.

—¡Pero qué secuestro ni qué gaitas! La señorita viene conmigo porque quiere —exclamé.

—Y soy mayor de edad, señores. Esto no es un secuestro; me voy con el matador libremente —contestó la actriz, chapurreando español e italiano.

—Ya han oído a mi amiga. Díganselo al director de la película, al señor Mastroianni y a quien sea preciso. Ea, y ahora nos vamos, que toreo mañana en Vitoria y quiero llegar descansado —dije, despidiéndonos de los agentes.

Esas locuras se hacen con veintiséis años y duran lo que duran. Faye y yo estuvimos juntos desde el veinte de agosto hasta mediados de octubre, cuando me fui a América y ella regresó a Almería para terminar el rodaje.

Quedamos en vernos en noviembre en México, pero yo ya me sentía un poco agobiado con ella y la engañé. En noviembre no toreaba en México, sino en Perú, y cuando terminé el paseíllo en la plaza de Acho, en Lima, no podía creer lo que veía: Faye estaba en la barrera.

La actriz había viajado a México D. F. y, al enterarse de que le había mentido, se informó de que estaba toreando en Perú. Sin vacilar, compró un pasaje para Lima y allí se personó, en la barrera, llorando de emoción. Le pedí disculpas con otro brindis y seguimos juntos la temporada americana, cumpliendo mis contratos en Perú, Ecuador, Colombia y, más tarde, en México, donde, en la última tarde de mis actuaciones, llegaron a verme dos parejas de amigos de Faye. Al día siguiente, nos fuimos en su avión privado a Los Ángeles.

Estuvimos en Las Vegas y allí me di cuenta de la enorme fama de Faye. Hasta entonces no había tenido mucho interés por su trayectoria cinematográfica; apenas había visto una película suya, *Bonnie and Clyde*, que la catapultó al estrellato. La actriz quería que yo compartiera su fama, como ella había compartido la mía, pero el glamur y el nivel económico de su entorno solo estaban a la altura de la gente de Hollywood, y mi vida no se identificaba con la suya.

Mi carrera como matador de toros era lo primordial y casi lo único. Ni por todo el oro del mundo me habría alejado del toro. Continuar con Faye significaba pasar mucho tiempo con la actriz, y aquello no entraba en mi agenda. No dudé de que era el momento de despedirnos.

Regresé a España con los contratos para Valencia y Castellón. Gracias a mis triunfos en América, confirmé mi buen momento tanto en las Fallas como en la Magdalena, y, de ahí, a Sevilla, a triunfar como siempre.

MI BRINDIS A UNA MARQUESA

En la casa de una marquesa, en Vitoria, se organizó una cena en mi honor después de haber toreado una corrida de toros y de salir por la puerta grande.

—La señora marquesa está deseando conocerle, maestro —me dijo el encargado de recibir a los invitados, llevándonos al salón a mi apoderado y a mí. Sin embargo, fui asaltado por algunos partidarios y no llegué a saludar a la anfitriona.

Llegó la hora de sentarnos para cenar, y la marquesa estaba a mi lado, pero aún no habíamos sido presentados. Inició la conversación conmigo, indignada porque no había llegado el torero que esperaba.

—Hay que ver la mala educación de ese Jaime Ostos. Le organizo una cena en su honor y no aparece. No se puede ser más incorrecto. Me habían dicho que es encantador, aunque un poco chulo, y lo está demostrando… ¿Lo conoce usted? —me preguntó la marquesa.

—Pues sí, lo conozco un poco, señora…, y tiene usted toda la razón: es un poco chulo, y es de muy mala educación hacerle a usted este feo. Me parece imperdonable. Por muy buen torero que sea, esto dice mucho de él…

—Señora marquesa, por fin ya se conocen. ¿Qué le parece el maestro, que esta tarde se ha entretenido en cortarle las orejas a un Pablo Romero? —dijo mi apoderado, haciendo cambiar el semblante de la anfitriona.

—Pues ¿qué me va a parecer…? Que es un maestro toreando a los Pablo Romero y a quien tenga delante —respondió ella con una sonrisa irónica.

—Perdóneme, marquesa. No quería llevarle la contraria, y por eso le daba la razón —dije, intentando disculparme.

—No se equivoque, Ostos, yo sabía quién era usted, pero quería probarle y gastarle una broma —se pegó un farol la señora.

—Lo mismo que yo. Le seguía la broma, marquesa —le pegué un quiebro y cambiamos de conversación, mientras ella me hacía ojitos, me ponía morritos y me tocaba la pierna con disimulo.

Me contó que era viuda, que tenía veinte años más que yo. Yo tenía veintiséis, pero ella no aparentaba los cuarenta; era una preciosidad.

—A mí me gusta la gente joven, porque la juventud... patatín, patatán, patatún... —se enrolló hablando de los valores de los jóvenes, y en los postres ya estábamos los dos tan cercanos que no dudó en pedirme que la siguiera a su cuarto para enseñarme unas fotografías suyas con el príncipe don Juan Carlos, de adolescentes, a caballo, en Estoril.

Su alcoba era deslumbrante, muy veneciana, llena de lujo y arte exquisito. Sentados en el borde de la cama, mientras me mostraba algunas fotografías con una mano, con la otra deslizaba sus dedos por una de mis piernas. Me miraba con una languidez tan provocadora que le susurré al oído lo bonita y atractiva que era. Lanzó al aire el álbum de fotos y me besó apasionadamente.

Cuando salí de su dormitorio, estaba amaneciendo, no quedaba ningún invitado en la casa. Me fui al hotel a dormir, y horas más tarde me despertó mi apoderado llevando en sus manos una cajita de regalo.

—Viene de parte de la marquesa... ¿Qué pasó anoche, Jaime? —me preguntó José Ignacio.

—¿Qué va a pasar...?

—No sé, desaparecisteis...

—Me estuvo enseñando fotografías en su alcoba. Nada, tranquilo, hombre —contesté.

—La marquesa es muy guapa, está muy bien, ¿no es cierto, Jaime? Pero mucho cuidado, maestro, no te vaya a quitar los pies del suelo —murmuró mi apoderado.

No supe, ni quise, responderle sobre aquella noche con una mujer tan especial, a la que no quise volver a ver porque su excesivo interés por mí mermó el mío por ella.

Abrí la caja que me envió al hotel, y dentro venía un reloj Omega de brillantes, con su nombre grabado por detrás, una dedicatoria y la esperanza de volver a verme. Sin embargo, siempre la evité.

La veía en la plaza de toros de Pamplona y en la de Vitoria, en la barrera, cada año por San Fermín y por La Blanca, pero nunca respondí a sus llamadas, porque no era momento de hacer locuras.

Sin ser el momento apropiado, he cometido muchas locuras en mi vida, y han sido tantas que ahora pienso que aquella hubiera sido una más y, tal vez, de la que no me habría arrepentido. Pero entonces comenzaba mi noviazgo con la que iba a ser mi primera esposa, y no tenía sentido ni engañarla ni involucrarme en otra historia de amoríos.

BRINDIS A «LAS FUTURAS ESPOSAS»

Brindar la faena de un toro a una mujer que descubres en la barrera y te gusta ha sido el comienzo de muchas relaciones sentimentales de los toreros. De algunas surgieron bodas y se mantienen matrimonios muy felices, pero son los menos; la mayoría se fueron al traste, como ocurrió con Palomo Linares, el Soro o Espartaco. Amores que nacieron de un flechazo entre el ruedo y la barrera, con el callejón de por medio, pero que con el paso de los años terminaron, al igual que el mío con mi primera esposa.

Los toreros de mi época brindábamos a la duquesa de Alba, a la marquesa de Villaverde, a la vizcondesa de Casa Miranda, a la duquesa de Romanones, a Jackie Kennedy, a Soraya, a la duquesa de Santoña, a la señora de Mora-Figueroa, a la señora de Domecq, a la de Bohórquez, a la de Pérez-Tabernero, a la señora de Algarra, a la condesa del Puerto, a las señoritas de Campo Cerrado, a las Aguirre; en fin, a mujeres de la *jet set* e invitadas a las corridas de toros, como Grace de Mónaco, Sophia Loren, Ava Gardner, Lauren Bacall o Brigitte Bardot.

Damas a las que yo he tenido el honor de brindarles un toro y luego disfrutar de su compañía.

Siempre había mujeres importantes en las plazas de Madrid, Sevilla, Bilbao, Nimes, Marbella, Barcelona, San Sebastián, Valencia o Salamanca. Mujeres bellísimas y aficionadas de postín, a quienes brindar un toro era un placer para ellas y un honor para el torero. Todas correspondían posteriormente con el torero y nos agasajaban con cenas en sus domicilios, donde la presencia del diestro daba realce a la fiesta y a los anfitriones. Ambas circunstancias contribuían a engrandecer la fiesta más allá de la plaza de toros.

Actualmente, asisto a muchas corridas y me parece que a los toreros de hoy les cuesta hacer un brindis a la mujer aficionada. Y ahí están Carmen M. B., Nuria González, Nieves Álvarez, Paz Vega, Ana Obregón, Terelu Campos, Ana Rosa Quintana, Carmen Lomana, Carmen Posadas, o ganaderas de postín, como Teresa Morenés, Ana y María José Peña, Julita Escolar, las de Garcigrande... Todas ellas, aficionadas de prestigio que son merecedoras del brindis de los toreros y que también sirven para dar publicidad a nuestra fiesta.

El toreo tiene unas normas, también tradición, y el rito de brindar la muerte de un toro, con la sonrisa del torero por encima del trance de la muerte, no es frivolidad, sino un arte que el matador no pierde ni siquiera a un palmo del peligro, del riesgo y de la muerte.

Jaime Ostos junto a su gran amor, María Ángeles Grajal,
en el día de su segunda boda, celebrada en El Escorial.
(Imagen de Agencia publicada en la revista *Hola*).

CAPÍTULO 9

El amor de un torero

No son pocos los toreros que se han enamorado en el callejón de la plaza de toros de bellas jóvenes que estaban en la barrera, les han brindado el toro y al poco se han casado con ellas. Pero es difícil mantener el matrimonio y la profesión en equilibrio, pues el matador, además de compensar sus emociones artísticas y estar en unas excelentes condiciones físicas, necesita una esposa que comprenda ausencias, silencios, fracasos, cornadas, y que además aporte grandes dosis de entrega, perspicacia, sufrimiento, aguante y, sobre todo, amor infinito.

—Pocas son las esposas que no sucumben ante los sacrificios que implica estar casada con una figura del toreo; una de ellas es Carmen Lorenzo, la mujer del Niño de la Capea —le digo a María Ángeles.

La pareja se conoció después de una cornada que el maestro tuvo en Salamanca, el año que Carmen era reina de las fiestas de su barrio. Ella estaba en la plaza presenciando la corrida y al día siguiente acudió al hospital donde había ingresado el torero herido, que, sin embargo, agradeció mucho a la joven su visita, le pidió el teléfono, la llamó enseguida, hablaron, se enamoraron, se casaron en 1976 y se convirtieron en padres de

Verónica, que se casó con el maestro Miguel Ángel Perera, y de Pedro jr., casado con Paulina Espinosa, hija del torero mejicano Armillita, y son abuelos felices. Los admiro porque han conseguido mantener el amor y la estabilidad de su hogar en un medio y en un entorno tan dificultoso como arduo, donde la esposa es quien salva siempre la relación de pareja.

—Lo mismo pienso de otros matrimonios, como lo fue el del maestro Dámaso González y Feli Tarruella, padres de Marta, Sonia, Elena y Dámaso. Y otro tanto del matrimonio del maestro Víctor Puerto y Noelia... Pocos más —me dice mi mujer, porque conoce a los toreros, a las esposas y todos los entresijos del mundo del toro, donde no todo lo que se aparenta es verdad.

María Ángeles insiste en que los toreros somos hombres demasiado volubles de ánimo y disposición, tal vez por la constante exposición a la muerte, al triunfo o al fracaso, que nos hace muy vulnerables a cualquier emoción. Lo mismo somos capaces de mostrar una incontenible pasión conyugal que de hundir el hogar por un desliz desproporcionado, con una mujer que pasaba por allí y nos dice lo grandes que somos.

El que es figura del toreo tiene muchas oportunidades de conocer a mujeres extraordinarias, a las que seduce y enamora sin plantearse casi nunca las consecuencias, de la misma manera que tampoco se cuestiona si es un gesto de hombría dejarse querer o si actúa como un donjuán. Uno se deja llevar sin más, de manera puntual, sin pensar hasta dónde llegará la aventura, porque el torero no negocia ni ante el riesgo de enamorarse él mismo ni de hacer daño a su compañera. Es capaz de amar a su esposa y, a la vez, sentirse atraído por otra, siguiendo su deseo como si realizara una mágica faena frente al toro. Por ese aguante, mi mujer dice que las verdaderas figuras en el mundo del toreo son las mujeres de los toreros.

También los hay que se enamoran «violentamente», como en el caso de Sánchez Mejías.

AMAR VIOLENTAMENTE

No conocí al torero Ignacio Sánchez Mejías, casado con Lola Gómez Ortega, hermana de Joselito el Gallo, quien murió por la cornada del toro Granadino de la ganadería Viuda de Ayala, en Talavera de la Reina, el 16 de mayo de 1920. Tampoco conocí al escritor Sánchez Mejías, amigo de García Lorca, pero tuve la suerte de tener como apoderado a su hijo, quien a menudo me recordaba la muerte de su padre en la plaza de Manzanares, el 11 de agosto de 1934. Con sus relatos alimentó mi admiración hacia Ignacio Sánchez Mejías, artista en todo lo que tocaba.

—Mi padre se enamoraba «violentamente» de las mujeres —me confesó el hijo de Sánchez Mejías.

—A mí me pasa lo mismo —le contesté.

—Los toreros os enamoráis exageradamente porque lo que hacéis en el ruedo es una pura exageración de valor y entrega; lleváis esa intensidad más allá de la plaza y todo lo hacéis con exceso —aseguró mi apoderado.

—¡Tu padre, además de ser un gran torero, era un donjuán! Su atractivo para las mujeres se debía no solo a su físico, sino también a su torería y a su intelecto. Ahí están sus libros: *La amargura del triunfo*, *La sinrazón*, *Zaya*, *Ni más ni menos*, *Soledad*, *Las calles de Cádiz*, *La corrida de Santoña*: «Las olas, símbolo de nuestras pasiones, se hacen mil pedazos al chocar, violentas, contra las rocas del Cabo Menor…».

—A su prestigio de torero se sumaban su elocuencia y su intelecto; a su torería, la gracia para bailar. Dicen que bailaba por bulerías como Chacón y que abandonaba los *colmaos* de Madrid y Sevilla ya con el sol en los tejados, recitando como los poetas —me contaba su hijo.

Sánchez Mejías, fuera de la plaza, impartía conferencias sobre toros o cante en los foros más prestigiosos de Madrid, siempre acompañado de su eterno amigo, Federico García Lorca, y de su amante, la Argentinita. ¡Qué poderío de hombre!

Mi apoderado, José Ignacio Sánchez Mejías, Huevo Frito, me contaba las faenas extraordinarias de su padre: las medias verónicas que ejecutaba con las manos muy bajas, la destreza con las banderillas, cómo dominaba al toro en los primeros cuatro pases de muleta y cómo, sin ser un gran estoqueador, mataba con valentía. Mi admiración se extendía también a su hombría y personalidad, que subyugaba a los intelectuales de la Generación del 27. Todos, sin excepción, quedaban impresionados por la recia personalidad de Sánchez Mejías.

«Acaba de llegar Ignacio», dijo García Lorca en casa de los Guillén, interrumpiendo la lectura de su *Bodas de sangre*, y los aplausos para su torero enmudecieron la poesía de Federico.

Al final de la lectura, Sánchez Mejías no apartaba la mirada de Marcelle Auclair, hispanista francesa y esposa del escritor Jean Prévost, quien no pudo evitar el flechazo con el torero, sentado a su lado, enamorándola.

—Nos ha pasado a todos. Ves a una mujer, la miras, te mira, surge la chispa, te tiembla el cuerpo... ¿Qué haces? —le dije a mi apoderado.

—Es muy fuerte, Jaime. Mi padre llegaba a Madrid y era amante de la Argentinita, y, en esas, va y se enamora de una escritora francesa, mientras en el cortijo sevillano de Pino Montano, mi madre sufría sus humillaciones, porque le llegaban las noticias de la vida de mi padre en Madrid —se desahogó José Ignacio, hablando de su padre.

MI PRIMER MATRIMONIO

En mi caso, comprobé muy pronto que mi primer matrimonio había sido un fracaso. Asumí mi responsabilidad por la torpeza de dejarme llevar por un flechazo sin consistencia, deslumbrado solo por la juventud de una niña de dieciséis años, guapísima, culta y refinada. Pero, cuando no hay amor, falta madurez y sobra tontería, nada lo puede arreglar. Aunque ambos intentamos mantener el matrimonio con el nacimiento de nuestros hijos, Gabriela y Jaime, su llegada solo alargó la convivencia unos años más. Nuestros desencuentros crecían, porque yo no encontraba en mi mujer lo que deseaba y supongo que ella tampoco en mí. Esto hizo imposible la convivencia, nos volvió incluso enemigos, y finalmente nos separamos. Pedimos el divorcio cuando en España no existía, y para obtener la nulidad no tuve otra alternativa que mentir. Sí, tuve que mentir diciendo que mi carácter impulsivo me llevaba a discusiones con mi mujer, a la que incluso insultaba cuando llegaba a casa después de una mala corrida o cuando ella me reprochaba que me había visto en las revistas besando a otras mujeres.

Me vi obligado a mentir y a exponer motivos de inmoralidad y de veleidad, falsos, pero que fueron necesarios para que los tribunales eclesiásticos declararan nuestro matrimonio nulo. Yo deseaba esa anulación y tuve que implicarme en aquella farsa. Todo resultó una injusticia, y la conducta de mi exmujer se volvió repugnante cuando, veinte años más tarde, comenzó a ridiculizarme en los platós de televisión, exponiéndose como una mujer maltratada y anulada por un marido infiel. Infiel, sí, eso era cierto, pero tanto ella como yo asumimos judicialmente mis engaños con otras mujeres a cambio de dejarle a nuestros hijos. Aun así, Consuelo se ha pasado la vida deteriorando mi imagen por venganza, por odio y por dinero. No me desentendí nunca de mis obligaciones con mis hijos ni con ella, aunque mi exmujer se encargó de distorsionarles mi conducta.

Al divorciarme, dejé a mis hijos y a mi exmujer en usufructo un patrimonio considerable y todo el dinero que había ganado con mi sangre, tanto en efectivo como en acciones bancarias. Les dejé la finca La Tenienta, donde se cultivan todo tipo de frutales, así como la casa sevillana en la plaza de Cuba y una valiosa colección de cuadros. Todo lo que poseía lo puse a nombre de mis hijos y de ella. Acepté sus condiciones porque mis deseos de apartarla de mi vida y estabilizarme emocionalmente eran enormes.

En esa época ganaba un millón de pesetas cada tarde que me vestía de luces, pero no supe ver que aquello no iba a ser eterno. Confundí generosidad con idiotez y le di todo, pensando en mis hijos, creyendo que era lo correcto. Nunca imaginé que, cuarenta años después, mi ex continuaría con un rencor hacia mí incontenible, desacreditándome públicamente para hacerme daño y también por dinero, tras haber malgastado los bienes que le dejé con su segundo marido, que terminó abandonándola también.

Cuando habían pasado diez años desde nuestra separación matrimonial, mi ex rehizo su vida con otro hombre, con quien también acabó muy mal. Y yo rehice la mía al lado de Lita Trujillo durante doce años, y después con María Ángeles, contra quien Consuelo planeó la venganza. Su odio hacia mí lo dirigió hacia ella, humillándola, insultándola en los platós de televisión y en revistas del corazón, pero María Ángeles rechazó siempre las oportunidades que le ofrecieron para defenderse porque nunca quiso rebajarse al nivel de una persona desquiciada.

MI RELACIÓN CON LITA TRUJILLO

Separado de mi exmujer en 1967, me instalé en Madrid en el hotel Wellington. Por entonces, Rafael Peralta me presentó a Lita Trujillo. Nos enamoramos y mantuvimos una vida en común como pareja, que duró más de diez años de convivencia feliz. No es honrado olvidar a las señoras importantes de tu vida, y Lita, que lo fue en la mía, merece mi reconocimiento por haber sido la gran mujer que me amó durante tantos años, a quien yo amé, y con quien formamos una pareja sentimental de gran notoriedad en la *jet set*. Ella, viuda del hijo de Leónidas Trujillo, y yo, figura del toreo, éramos parte de un selecto grupo de la élite social.

En ese grupo de personajes vip, Lita y yo fuimos invitados a Filipinas por el presidente Marcos y su esposa. Allí compartimos con Sean Connery y su mujer, Gunter Sachs y sus novias, los Roussel, Carmen Franco y su hija Carmen, los Bohórquez, los Hohenlohe, Jean Marie Rossi, entre otros, disfrutando de la hospitalidad del presidente en un viaje que fue una aventura inolvidable, sobre todo para mí, porque la esposa del presidente, Imelda, no cesaba de coquetear conmigo. Y a mí, que me gustaba el riesgo, me dio por entrar al trapo; pero, acudiendo a sus citas, pasé más miedo que delante de un toro de Miura.

Mientras almorzábamos, la presidenta me pasaba notas escritas en papelitos por debajo de la mesa para que luego fuera a su habitación privada. Aquello me daba morbo, miedo y hasta pánico; no por Lita, que lo sospechó desde el primer día, sino por el presidente de Filipinas, quien, de habernos descubierto, no habría dudado en ordenar mi ejecución. Sin embargo, perdí la cautela y me dejé querer por Imelda.

—No te preocupes, querido, porque el presidente ahora mismo le está haciendo el amor a una amiga de Gunter Sachs —me dijo la presidenta para tranquilizarme.

—Sí, sí, presidenta, pero no puedo estar mucho tiempo aquí, porque he quedado con Fermín Bohórquez para ir a los masajes, y, si Fermín no me encuentra, es capaz de llamar al presidente y decirle que me han secuestrado —le respondí para abreviar la cita.

—*No problem*, torero. Tú tienes mejor masaje conmigo, y Bohórquez que se lo busque él solito —me contestó Imelda rodeándome con sus brazos.

Aquella noche, después de la cena, el presidente Marcos se levantó con una copa de champán en la mano y quiso brindar por sus invitados, por los obsequios que cada uno le había llevado y, en especial, dijo, por el presente del torero español.

Quise morir pensando que se había enterado de mis encuentros con su esposa y que, en ese mismo momento, iba a descubrirlo en público.

—Matador, mi esposa me ha enseñado *La tauromaquia española* que usted nos ha regalado, y me parece el más hermoso recuerdo que puedo tener de su país, de la España que amamos...

Me relajé al escuchar sus palabras, pero durante unos instantes pensé que no saldría vivo de Filipinas.

EL GRAN AMOR DE MI VIDA

Cuando conocí a María Ángeles, tuve claro enseguida que era la mujer de mi vida y que debía romper mi relación con Lita, lo mismo que ella haría con su entonces marido, A. M. Pérez Tabernero.

Los dos lo meditamos mucho, pues yo ya tenía cincuenta y dos años, y ella, veintinueve, y tuve que lidiar con lo que a mí me implicaba dejar a Lita. Pensé que lo comprendería, pero no fue así. Tuvimos nuestra guerra porque ella se enfrascó y se concentró mucho en hacerle la vida difícil a María Ángeles, por ser la desconocida de las amistades que compartíamos, pero que la acogieron con enorme cariño.

Mientras le relato a María Ángeles mis memorias sobre este tema, me detiene para hacerme una petición:

—No quiero relatar ni siquiera de manera furtiva las excentricidades, mentiras y calumnias que Lita iba vertiendo en reuniones con amigos comunes que tenemos y que me lo cuentan todo... Ni tampoco darles ningún valor a esas decenas de cartas que te enviaba a diario al hotel Wellington, vomitando insultos sobre Jacobo y sobre mí. Son tan nauseabundas que no quiero recordarlas.

María Ángeles no quiere adentrarse en la conducta de Lita y prefiere terminar la conversación escondiéndose tras las sábanas de la cama y jugando conmigo. Luego le recuerdo que el amor definitivo me llegó sin esperarlo con ella.

DESTINADOS A ESTAR JUNTOS

Desde 1970 hasta 1980, paulatinamente fui toreando menos corridas porque no me gustaba el panorama taurino de la década de los setenta y, además, no estaba físicamente al cien por cien. La cornada de Tarazona me pasaba factura debido a la falta de circulación venosa profunda en la pierna derecha, lo que me exigía una terapia de rehabilitación diaria, intensa y muy sacrificada, necesaria para no quedar cojo y poder llevar una vida normal, aunque no para estar en plena forma delante del toro. Por ello decidí cortarme la coleta el 12 de octubre de 1980, en Écija.

Al día siguiente, el 13 de octubre, la prensa sevillana recogió dos noticias en una misma página: por un lado, la crónica de mi despedida; por otro, la presentación del libro *Yo me asomé al escote del Viti*, escrito por una mujer que no conocía pero que sería mi esposa siete años más tarde. Curiosamente, nuestros nombres quedaron unidos en la misma página del *ABC de Sevilla* aquel 13 de octubre de 1980:

«En una tarde emocionante, Écija le dijo adiós a un valiente. Cuatro orejas y un rabo para Jaime Ostos en su despedida de los ruedos».

«Media Sevilla, en Écija, en la despedida de Ostos. La otra mitad, en el hotel Colón, en la presentación de un libro sobre el Viti, escrito por María Ángeles Grajal».

«La doctora salmantina María Ángeles Grajal, casada con un Pérez Tabernero de los ganaderos salmantinos, autora del libro *Yo me asomé al escote del Viti*, reunió anoche en el hotel Colón, de Sevilla, a la mitad de los aficionados sevillanos. La otra mitad estaba en Écija, en la despedida de Jaime Ostos».

Dos años después, en 1982, recibí una llamada de la ganadera salmantina Mercedes Pérez Tabernero, hija del que había sido un extraordinario criador de reses bravas, don Antonio Pérez Tabernero, el de San Fernando, el de los famosos APs (Antonio Pérez Tabernero), un hombre de personalidad exquisita, con gran prestigio social y taurino. Cada invierno me invitaba a sus dehesas para los tentaderos de vacas, y con él y sus hijos (Antonio, Juan Mari, Amelia y Mercedes) mantuve una gran amistad hasta su muerte, a finales de los años sesenta. Mercedes, al otro lado del teléfono, me pedía una entrevista para su nuera, María Ángeles Grajal.

—Mira, Jaime, mi nuera es médico, doctora en neumología, escribe de toros y está preparando una conferencia para el Congreso Internacional de Cirugía Taurina, que se va a celebrar este año en Sevilla. Quiere que le cuentes la cornada de Tarazona.

—¡Eso está hecho, Mercedes! Lo que tú me pidas... —le respondí.

Al día siguiente, a las cinco de la tarde, me citó en el hotel Wellington de Madrid. Cuando la vi aparecer desde lejos y acercarse, recuerdo que se me cayeron las gafas ante su presencia. Esperaba encontrarme con una señora del tipo de Mariví Romero, con todos mis respetos, y en su lugar tenía delante un monumento de chavala.

—Hola, Jaime, soy María Ángeles —dijo ella.

—¡Hola...! —apenas acerté a decir, sorprendido y absolutamente descolocado.

—Soy la nuera de Mercedes Pérez Tabernero; estoy aquí para que me hables de tu cornada en Tarazona, porque he titulado mi conferencia «Del ruedo a la enfermería»..., y aquí estoy para escucharte —me explicó.

—O sea, ¡que tú eres la doctora, la escritora, la nuera de Mercedes Pérez Tabernero!... ¡Pues vaya sorpresa, chiquilla, porque no te imaginaba así! —le confesé.

—¿Ah!, ¿y qué esperabas? —preguntó.

—¡Pues que no eras tan joven ni tan bonita! —le respondí, aunque noté que mi piropo no fue de su agrado.

Comenzamos a conversar sobre mi amistad con los Pérez Tabernero y mi trayectoria taurina..., hasta que, tres horas más tarde, ella, muy contrariada, me dijo que había viajado a Madrid para que le hablara de la cornada de Tarazona y que, hasta el momento, ni siquiera le había dicho el nombre del toro que me cogió. Ya era hora de regresar a Salamanca y no le había contado nada interesante para su conferencia.

—Creo que he perdido el tiempo escuchando a un donjuán —exclamó.

—Chiquilla, no te enfades, que ya habrá tiempo para hablar de mi cornada en Tarazona —le dije, creyendo que ese encuentro no sería más que el inicio de una aventura.

—Eres un donjuán muy trasnochado, maestro —contestó ella, con dignidad.

—Seguramente sea un donjuán trasnochado, pero haré lo imposible por volver a verte —le respondí, impulsado por la atracción que me producía, mientras la acompañaba a su coche.

—No digas locuras, maestro..., yo no contaba con esto. Si lo sé, no vengo —dijo, muy afectada, sin permitirme ni siquiera un beso de despedida. Pero, antes de arrancar el coche, le prometí que nos veríamos al día siguiente en Salamanca, para contarle la cornada de Tarazona.

Esa misma noche llamé a su suegra, y Mercedes Pérez Tabernero me invitó a verla en Salamanca, en su dehesa El Villar de los Álamos, de donde guardaba grandes recuerdos.

—Mira, Jaime, me gustaría que vinieras mañana al herradero. Me será muy grato verte y lo mismo para mis hermanos, Antonio y Juan Mari; se llevarán una alegría y recordaremos viejos tiempos —me dijo la ganadera.

—Iré encantado —contesté, aceptando de inmediato su invitación.

Al día siguiente, volví a ver a María Ángeles en El Villar de los Álamos. Empecé a contarle la fatídica corrida de Tarazona, que tanto le interesaba para su conferencia y que marcaría el inicio de nuestra historia de amor.

—No vuelvas a venir, Jaime. Soy muy feliz con mi marido; no quiero que vuelvas por aquí —me pidió María Ángeles al despedirnos.

Pero volví a Salamanca, siempre invitado por la suegra de María Ángeles, viuda del eminente doctor Guillermo Marín, Mercedes Pérez Tabernero; una mujer extraordinaria que me mostraba su enorme cariño, sin percibir que yo realmente iba a ver a su nuera. Así continuamos varios meses, hasta que fue la doctora la que viajó a Sevilla, sola, para asistir a un congreso de cirugía taurina, y allí la esperé.

Lo que sucedió después estaba predestinado en nuestras vidas, aunque fue difícil de sobrellevar, porque María Ángeles aún quería a su marido. Sabía que mis antecedentes sentimentales no sostenían mis declaraciones de amor hacia ella, y todas mis promesas la sumían en un mar de dudas, entre sus inseguridades y mis valentías.

En el debate emocional de nuestra relación no solo estaba el marido de María Ángeles, sino también Lita, muy dolida desde que se enteró de mis sentimientos. Para no perderme, esta última no dudó en hacer más complicada la decisión que debía tomar María Ángeles: romper o no su matrimonio, dejar a un marido que la adoraba, joven, atractivo, cirujano y con una posición social y económica inmejorable, por un torero retirado de los ruedos que aún vivía con una mujer que la hacía sufrir con sus llamadas telefónicas, llenándola de celos.

En un alarde de valentía y pasión, María Ángeles, tras muchas indecisiones, y yo decidimos ponernos el mundo por montera y casarnos en 1987. Dos años después, mi mujer no me aguantaba; sabía que coqueteaba con otras, que esporádicamente veía también a Lita, y terminó obligándome a firmar el divorcio. Entonces tuve muy claro que no podía vivir sin ella, que debía demostrarle cuánto la amaba, que pagaría el daño que le había hecho, y mis celos me llevaron a perseguirla por tierra, mar y aire, incumpliendo las normas del acuerdo de divorcio o provocando escándalos al presentarme donde ella estuviera. Viví dos años desolado por su ausencia y también por el alejamiento de nuestro hijo Jacobo, pero María Ángeles me dio una segunda oportunidad, y decidimos casarnos de nuevo en 1992 en El Escorial, de forma íntima, aunque la gente se enteró por la prensa. Desde entonces, vivo por y para ella, y llevamos más de treinta años juntos y felices.

A lo largo de los años me he arrepentido muchas veces de haber aireado mi vida sentimental. Haciendo caso a mi mujer, dejo fuera de este libro nuestros errores, porque los resolvimos enseguida.

Derechazo magnífico de Jaime Ostos en la plaza de toros de Valencia.
(Fotografía cedida por Joaquín Sanchis Serrano «Finezas» a la autora).

CAPÍTULO 10

La crítica taurina

La crónica taurina, como simple constatación de la faena, no me la he creído nunca porque todos los profesionales del periodismo tienen su «corazoncito» y sus preferencias están inclinadas hacia uno u otro torero. La objetividad absoluta es imposible; unas veces, el trato lleva a la amistad, y otras, las distintas personalidades inspiran apreciaciones diferentes, que no siempre se ajustan a la visión de un periodista durante una corrida de toros. Como en la crítica deportiva. A menudo desconcierta a los lectores, especialmente a aquellos que han presenciado la misma corrida y terminan de leer la crónica confundidos.

—Esta corrida no es la que yo vi ayer —asegura alguien que estuvo en Las Ventas, viendo al Juli con toros de Victorino, el 23 de mayo de 2007.

—El presidente le robó una oreja —comenta otro aficionado.

—Si no es el presidente, parece que he leído una crónica escrita desde el tendido 7, no la dimensión taurina que se le supone a un crítico —les explico, intentando justificar las líneas equivocadas y torcidas de algún embaucador.

Yo terminé con el máximo exponente de la avaricia en el periodismo taurino: Manuel Lozano Sevilla. Por su avidez, acabé con la carrera de este crítico, que desarrollaba su labor en RNE, en TVE, en *ABC*, en *El Burladero*…, y además era taquígrafo de Franco. Fue a él a quien brindé un toro en Marbella, a través de los micrófonos de la televisión, desde donde él mismo retransmitía la corrida desde un palco de la plaza.

Aquel brindis fue el más polémico de la historia de la tauromaquia, porque expuse públicamente a un corrupto, retratándolo como un ladrón por extorsionar a los toreros, exigiéndonos a las figuras del momento dos millones de pesetas en concepto de publicidad y buena crítica en la prensa, en la radio y en televisión. Lozano Sevilla dominaba a sus anchas todos los medios, sin conformarse con el sueldo que recibía por sus trabajos.

Lozano Sevilla nos pidió cuatro millones de pesetas por temporada en el año 1968 a Ordóñez y a mí, en concepto de publicidad, al año siguiente de haberse llevado dos millones de cada uno. Esto es lo que se da en llamar «llevarse el sobre»; ni más ni menos que un chantaje a los toreros. Cuando me negué a darle los cuatro millones, dejó de hablar de mí en las corridas donde yo mataba, ignorando mis faenas, buenas o malas. Aquello era un robo, y un día le planté cara a las injusticias de ese trincón, destapando a un tirano de la prensa taurina: «Tengo el gusto de brindar la muerte de este toro a don Manuel Lozano Sevilla, que es el trincón más grande y el sinvergüenza mayor que jamás ha habido en el periodismo taurino».

Le hice el brindis a Lozano Sevilla por el micrófono y delante de las cámaras de televisión, mientras él mismo retransmitía la corrida desde Marbella. Se quedó tan mudo que no pudo articular palabra alguna. Inmediatamente cortaron la transmisión, pero toda España escuchó mi brindis y mi denuncia a sus extorsiones.

Al día siguiente me citó en su despacho don Manuel Fraga, que era ministro de Turismo, y en ese entonces la tauromaquia dependía de su ministerio. Muy preocupado, quiso conocer a fondo las deshonestidades del periodista.

—Ostos, lo que usted dijo ayer en televisión es muy serio. Lozano Sevilla es un hombre fuerte en el periodismo, es el taquígrafo personal del generalísimo Franco..., y usted lo ha acusado de ladrón.

—Así es, señor ministro... Ayer lo acusé y hoy vuelvo a hacerlo. Manuel Lozano Sevilla es un trincón sin tapujos. Lo dije ante toda España y se lo repito a usted ahora. Ese ladrón nos ha estado chantajeando a los toreros. ¿Le doy nombres, señor ministro? Ordóñez me ha dicho que dé el suyo, y el Viti también. Y son muchos toreros que están empezando y también les exige el «sobre» si quieren que hable bien de ellos en sus crónicas.

—Esto es muy serio, Ostos... Su Excelencia quiere la verdad y desea que me proporcione todos los detalles. Cuénteme y muéstreme esos papeles, a ver las pruebas.

—Aquí tiene algunas pruebas, señor ministro, pero no todas, porque la práctica del «sobre» no es legal, aunque Lozano Sevilla nos lo viene exigiendo.

A la vista de los documentos que le mostré al ministro, tanto de Ordóñez como del Viti y Camino, Fraga comprendió rápidamente el chantaje al que nos sometía el crítico más importante del momento, quien dejó de ser taquígrafo de Franco una semana más tarde.

Naturalmente, el susodicho me denunció, aunque los compañeros a los que también robaba me apoyaron. Sin embargo, ni siquiera hubo juicio. Al menos, como represalia, le retiraron sus cargos, y se acabó su carrera.

Me complace haber acabado con un vividor a costa de otros, como lo fue Lozano Sevilla, quien, en un inicio, empezó conmigo más como amigo que como crítico, mostrándome siempre su lado amable.

—Jaime, aquí me tienes; estoy para lo que tú me digas —me dijo el periodista al principio de nuestra relación.

—Manuel, no estás para lo que yo diga. Si me ofreces tu amistad, la acepto, pero que no interfiera en la objetividad sobre mi faena. Si estoy en la cumbre, ponme apoteósico, pero, si la tarde va mal, no seas opaco por amistad. A mí me va la gente sincera —le aclaré con honestidad.

—Jaime, eres un tío cabal —me dijo en aquella visita a mi casa en Sevilla, en la Feria de abril de 1962, donde fue tratado como un rey...

Sin embargo, empezó a exigirnos el sobre, y nosotros se lo dimos hasta que aquel día se pasó de la raya pidiéndonos a Ordóñez y a mí que le dobláramos el sueldo.

—Jaime, Ordóñez ya me está pagando el doble —insistía, sin vergüenza alguna.

—Eso es un robo, Manuel; la avaricia te ha cegado —le dije cuando me harté y dejé de pagarle. Él me ignoraba cuando cortaba orejas y me criticaba duramente si había estado mal.

—Quiero que me expliques tu conducta conmigo —le exigí por teléfono.

—Jaime, es que tú no te explicas. Si te explicaras... Llevas un año sin explicarte, maestro —respondió.

—No volverás a ver una peseta mía, y ya verás cuando me explique —contesté. Y lo aclaré todo en el brindis que le hice por televisión.

Más tarde, me contaron que el problema de Lozano Sevilla era su hijo, que andaba mal de dinero porque, siendo el guapo de su familia, lo perdía todo en mujeres y casinos. Ambos tuvieron un final desdichado.

Tiempo después, me enteré también de que Manuel Lozano Sevilla estaba gravemente enfermo de cáncer y afectado por un desfalco que su hijo había hecho en la empresa donde trabajaba. Llegaron a la ruina, pero su ambición o torpeza le impidieron buscar otra salida. El cáncer acabó con su vida, y la cárcel con la de su hijo.

No llegué a conocer la fuerza de la crítica en tiempos de don Mariano de Cavia, pero considero sus crónicas auténticas piezas literarias. Las valoro por su precisión y su mirada analítica, excepto cuando se trataba de sus toreros favoritos. Es admirable el trabajo de quienes han ejercido este oficio con independencia, fundamentando sus juicios en conocimientos sólidos y dejando sus sentimientos personales a un lado. En contraste, me resulta deplorable la actitud de aquellos que, sin respeto ni objetividad, se han ensañado contra algunos toreros, confundiendo al hombre en la plaza con el ser humano fuera del ruedo.

OBJETIVIDAD PERIODÍSTICA

Entiendo que la misión del cronista taurino es informar y dar brillo al espectáculo, pero no es aceptable distorsionar una faena ni denigrar a un torero para generar morbo o ganar notoriedad, buscando aumentar lectores atacando de manera personal a los toreros.

Siempre he sido crítico con quienes juegan con la profesionalidad de los toreros, pues comprometen la esencia de la fiesta en beneficio de sus intereses y protagonismo. Ese fue el caso de Alfonso Navalón, a quien amenacé con cortarle una oreja si no moderaba sus ataques contra el ganadero salmantino Juan Mari Pérez Tabernero en una tertulia.

—¡Voy a denunciarlo por la amenaza que me ha hecho! —contestó Navalón.

—Hágalo, pero explique el motivo. Usted ha recurrido al insulto personal contra la familia ganadera de los Pérez Tabernero, simplemente porque trajeron a Madrid una corrida sin casta. Eso no le da derecho a cuestionar la honestidad ni la vida privada de los herederos de don Antonio Pérez Tabernero. ¡Denúncieme, Navalón! —le respondí, con altivez.

Esa misma noche, Alfonso Navalón se dirigió a una comisaría para denunciarme. Me enteré de esto a través del juez que recibió la acusación.

—Jaime, le dije a Navalón que su denuncia estaba registrada, pero para detenerte, como él pedía, era necesario que el hecho se consumara; es decir, tendría que presentarse con la oreja cortada... —me contó el juez, sin darle mayor importancia al asunto.

La independencia de criterio en el periodismo taurino, en un espectáculo tan apasionado como el toreo, no es fácil de mantener. El cronista debe evitar que sus emociones o preferencias personales influyan en su escritura, y no debe relatar la corrida conforme a sus propias inclinaciones.

En Málaga, por ejemplo, la crónica de una de las corridas en las que participé llevaba como título «Una oreja de oro para Ordóñez...», cuando yo había cortado cuatro orejas y un rabo; sin embargo, esto se entiende cuando damos marcha atrás en el tiempo, al momento en que el periodista Gonzalo Carvajal, quien firmaba la crónica, se había acercado a mí antes de que se iniciara la corrida:

—Diego Puerta, llevas cortadas dos orejas en una sola tarde... A ver qué pasa hoy, maestro, para ver quién se lleva el trofeo de la feria.

—Habrá que esperar cómo resulta esta tarde y cómo termina la feria —le contesté.

—Y a explicarse, maestro..., que usted se explica más bien poco —añadió con descaro, en referencia al sobre que, como ya he mencionado, hace posible una buena crítica periodística.

Esa noche, mientras salíamos de Málaga en coche con la cuadrilla, con prisa porque al día siguiente toreábamos en Vitoria, escuchamos la radio que informaba de la actualidad taurina. La voz de Gonzalo Carvajal solo mencionó la faena de Ordóñez, quien había cortado una oreja, sin hacer referencia a mis dos faenas, mis cuatro orejas y un rabo, ni tampoco a mi salida por la puerta grande.

—¡Qué hijo de p...! —comentó alguien de mi cuadrilla.

—No se preocupen, mañana nos veremos las caras en Vitoria —les dije.

Al día siguiente, me encontré con el cronista en el pasillo del hotel en Vitoria, justo frente a la puerta de mi habitación. Se acercó, entusiasmado, para felicitarme por el triunfo de la tarde anterior en Málaga. Lo invité a entrar, cerré la puerta con llave y le aclaré que solo tenía dos formas de salir de la habitación: por la puerta, devolviéndome el dinero que le había pagado por su trabajo periodístico, o por la ventana, del empujón que le iba a dar si no me lo devolvía en el acto.

—Ya sé que Ordóñez te da diez mil pesetas más que el año pasado, pero, Gonzalito, eso no te da derecho a ignorar mis faenas cuando estoy en lo más alto ni a cometer la injusticia de anoche, omitiendo mi triunfo.

—Tiene razón, maestro. Perdóneme; no volverá a ocurrir —se disculpó.

—De acuerdo, te perdono, pero ahora devuélveme las cinco mil pesetas que te pagó mi apoderado en junio, por adelantado —le pedí.

—Maestro, no tengo esa cantidad aquí —me respondió.

—Llama a fulanito o a menganito, esos con los que juegas nuestro dinero a las cartas cada noche. Diles que estás aquí y que te suban los mil duros en menos de diez minutos, porque es lo que voy a esperar; de lo contrario, tú sales de esta habitación por la ventana..., y estamos en un séptimo piso, Gonzalito.

Gonzalo Carvajal comenzó a llorar como un cobarde. Llamó por teléfono a sus colegas y les pidió que reunieran cinco mil pesetas y las subieran a mi habitación de inmediato. Al final, salió andando y por la puerta, gracias a la pronta intervención de sus secuaces.

Fue un escarmiento, y considero que actué con justicia contra los chantajes que algunos cronistas se permitían, por el bien de los toreros y de la fiesta.

Años después, siendo presidente del Montepío de Toreros, me esforcé por eliminar los sobornos y todas las manipulaciones que ciertos cronistas ejercían sobre los toreros, utilizando la corrupción como modo de vida. Ha sido arduo limpiar la fiesta, pero creo que, en la actualidad, la crónica taurina es más justa que nunca. Sin embargo, siempre ocurrirá que los toreros no estemos plenamente conformes con lo que se escribe sobre el mundo de los toros en algunas ocasiones.

Actualmente, el cronista taurino, salvo raras excepciones, ni quiere ni puede chantajear al torero, ya que no encuentra motivos para hacerlo. Tampoco existen hoy las rivalidades que antaño creaban bandos de partidarios a quienes los artículos podían influir, ni hay toreros que se dejen sobornar.

LAS MEJORES CRÓNICAS DE MIS FAENAS

De entre las crónicas más especiales a lo largo de mi carrera, hay una del *ABC de Sevilla*, del día 22 de abril de 1964, escrita por el maestro Díaz-Cañabate sobre la corrida que toreé el día anterior en la Maestranza, que hizo llorar a mi madre cuando la leyó, y por eso la recuerdo con mucho cariño. Decía así: «Jaime Ostos y la Torre del Oro».

Guardo también otras de Gonzalo Carvajal, como «Jaime Ostos Corazón de León» o «Las lentejuelas sangrientas de Jaime Ostos». Esta última crónica detallaba mi faena en una corrida de Fermín Bohórquez muy seria, con trapío y bravura. Torearon conmigo Curro Girón y Fermín Murillo, con un novillo de Baltasar Ibán, rejoneado por Ángel Peralta. Aquí comparto lo que Carvajal dijo de mí aquel día:

Jaime Ostos va a matar su último toro en la Feria del Pilar de este año. No ha cortado orejas esta tarde, y esto no puede ser. Hoy en día, tantas orejas; tanto vales. Hay que cortarlas, y a ello se dispone. Empieza a torear con la izquierda, pero el astado le indica que no está dispuesto a dejarse hacer las monerías con que se ganan el preciado trofeo. El toro achucha, cabecea, busca, tarda en arrancarse y lo hace con incertidumbre. Es igual; Jaime Ostos tiene que cortar por lo menos una oreja, y está haciendo una faena escalofriante.

Desde mi asiento me revuelvo, inquieto; le va a coger. Jaime parece pensarlo también, pero sigue imperturbable, heroico, torerísimo, aguantando impávido las tarascadas que, más que embestidas, lanza el toro... ¡Ya! ¡Ya! ¡Era inevitable! Lo ha cogido. Le ha lanzado al aire... La fiereza del morlaco se desata, ¿cómo se le ha podido escapar? Se precipita sobre el torero en el suelo, lo cornea, lo patea, se ceba en su cuerpo. Jaime apenas puede incorporarse. Lo llevan a la enfermería. La emoción en los tendidos, por la impresionante cogida, es intensa. Fermín Murillo toma la espada y la muleta, pero en ese momento aparece Jaime Ostos en el ruedo, con la taleguilla destrozada, lleno de sangre, cojeando. Se coloca frente al toro con el mismo valor de antes y ejecuta cinco pases por la derecha. Pincha, visiblemente impedido de moverse, pero vuelve a igualar y entra a matar casi a rastras, hundiendo la espada hasta la cruz y en la cruz de la muerte del toro.

¡Las dos orejas, ya no se le escapan! De la mano, se va a la enfermería.

Allí entré al acabar la corrida. Me atendía mi querido amigo, el doctor Ariño, quien me pasó al quirófano, donde me recibió el doctor Valcarreres Ortiz. Y así continúa la crónica de Gonzalo Carvajal:

Jaime está bajo los efectos de la anestesia, y contemplo la placidez de su rostro. Ahora está tranquilo. La temporada ha terminado; la cerró matando a un toro con una herida en el muslo de treinta centímetros. Porque un torero, un verdadero torero, tiene que matar a un toro, un verdadero toro que quiso matarlo a él.

Más tarde, se me acercó el apoderado de Jaime Ostos, Víctor Pérez, el mayor de los hijos del Vito, aquel gran banderillero al que tanto admiré en mis comienzos en la afición. Me muestra, guardadas en un pañuelo, cuatro lentejuelas, enteramente manchadas de sangre, como cuatro rubíes.

—Mire usted lo que el doctor ha encontrado en la herida del maestro, agazapadas debajo de un músculo roto. ¡Qué cosas hacen los toros!

Le respondo que, a veces, los toros saben bien lo que se llevan por delante: las lentejuelas de un gran torero, valiente y con mucho pundonor.

EL PAGO A LOS TOREROS

Un tiempo atrás, en el invierno de 2013, surgieron polémicas en torno a algunos toreros importantes que se negaban a asistir a la Feria de Sevilla por no llegar a un acuerdo económico con la empresa. Aunque algunos cronistas taurinos de prestigio dieron su opinión, la mayoría prefirió no tomar partido, evitando quedar bien o mal con la empresa o con los toreros.

—Maestro, la empresa se ha impuesto por encima de las remuneraciones que exigían las figuras del toreo, ¿qué opina? —me preguntaron una vez.

—Me parece muy bien que los toreros de renombre exijan lo que consideren justo, porque ellos son los que dan vida a las ferias, pero les ha faltado fuerza —contesté.

En mi época, la empresa de Madrid quiso contratarme para un San Isidro a un precio que no consideraba adecuado para mi cartel. La competencia, la empresa de Vista Alegre, me llamó y organizó una feria paralela con carteles de prestigio, que fue un éxito. Pedí un millón de pesetas por torear en Vista Alegre y rechacé ir a Las Ventas: «Quiero un millón de pesetas por una tarde, si se llena la plaza. Si no, la mitad», le dije a Dominguín, cuando en Las Ventas me habían ofrecido 900.000 pesetas por dos tardes.

Los Dominguín aceptaron mi propuesta y rechacé la de la empresa de Madrid. Cuando los toreros tenemos cartel, debemos exigir y mandar, porque somos quienes arriesgamos.

Aquella tarde, Vista Alegre colgó el cartel de «No hay billetes» con Bienvenida, Aparicio y Jaime Ostos en el cartel. Por primera vez en Madrid, un torero cobró un millón de pesetas, y ese fui yo. Con ese dinero, me compré un piso en la calle Serrano por 900.000 pesetas. ¡Cómo cambian los tiempos, los precios de los pisos y los toreros!

En el toreo, las condiciones deben fijarlas los toreros con categoría de figuras, aunque ya no exista aquella psicosis colectiva que en los años sesenta y setenta rodeó al Cordobés; un fenómeno que benefició tanto al torero como a la afición y que hasta el mismo Cañabate asumió como un impulso positivo para la fiesta.

LO QUE EL PÚBLICO QUIERE VER

Cada torero tiene su punto fuerte, y es lo que el público espera contemplar en sus faenas, luciéndose el maestro con eso que lo distingue de los demás. Para explicar esto, me viene como anillo al dedo una anécdota que le ocurrió al Cordobés una tarde en la que compartimos cartel.

Alterné con el Cordobés en muchas ocasiones. En la mayoría, lo vi salir por la puerta grande en casi todas las plazas, y reconozco que su poder se basaba en sus triunfos, en esa manera de conectar con los tendidos mientras toreaba.

He visto al Cordobés exponiéndose más que nadie. Lo he visto meterse entre los pitones del toro con una alegría que me congelaba la sangre. Y, a fuerza de tanto torear, un hombre tan listo como él aprendió a templar, a llevar el toreo verdadero al frente, aunque no era el temple lo que el público le pedía precisamente al Cordobés, sino que se peleara con el toro.

Estábamos toreando en Badajoz. Yo había estado inmenso con el primer toro, y el Cordobés salió decidido a superarme, realizando una faena pura a un toro extraordinario. Le dio derechazos profundos y largos, naturales muy templados y pases de pecho descomunales, pero el público no reaccionaba. Llegó al callejón, molesto y con muy mala cara.

—No se enteran estos hijos de p... No entienden lo que es torear al natural —exclamó.

—Manuel, esta gente ha venido a verte enfrentarte al toro, arrimarte a él y dominarlo. Para ver torear al natural nos tienen al Viti y a mí. Lo tuyo es otra cosa: tú te subes encima del toro y armas un escándalo —le dije con sinceridad.

El Cordobés volvió al ruedo y, antes de entrar a matar, se entretuvo en hacer al toro desplantes llenos de valor: el salto de la rana, molinetes espectaculares y un sinfín de arrimones que volvieron loco al público. Mató al toro con una estocada eficaz, sin puntilla, y aquello fue el delirio.

Finalmente, no le quedó más remedio que reconocer la certeza de mis palabras: «Tenías razón, Jaime; la gente a mí me pide arrimones».

Aquella tarde, el Viti y yo abandonamos el ruedo con un trofeo cada uno, ganado a base de realizar un toreo clásico, con muletazos ortodoxos que pocos aficionados valoraron, frente al toreo del Cordobés, quien salió por la puerta grande con las cuatro orejas en la mano.

Toreé muchas tardes con Manuel Benítez, pero no habíamos coincidido en ningún hotel hasta un día en Cáceres, donde ambos nos alojamos en el mismo lugar.

Yo había llegado la noche anterior desde el Puerto de Santa María, donde no tuve una buena tarde. Cené con la cuadrilla, bastante disgustado conmigo mismo, y me acosté temprano para estar fresco al día siguiente. Sin embargo, a las cuatro de la mañana, apareció el Cordobés frente a la puerta de mi habitación, tocando una guitarra y acompañado de dos palmeros borrachos. Me hicieron levantar malhumorado, y les pedí que se marcharan de allí.

—Ostos, déjame tocarte *Las mañanitas*: «Estas son las mañanitas...». No, no..., vuelvo a empezar: «Estas son las mañanitas...». Jaime, atento, que esta sonata es para ti.

—¡Que te vayas, hombre! ¡Estaba durmiendo! —le grité.

—Jaime, escucha cómo toco la guitarra —insistía una y otra vez, hasta que le quité la guitarra y se la puse de sombrero.

—Vete a dormir, hijo de p... —le dije, molesto.

—Jaime, me has roto la guitarra... O me compras una nueva o... Tengo un profesor de guitarra que dice que soy un genio. Cuando me retire del toro, daré conciertos y seré una estrella, como Paco de Lucía... ¡Coño, Jaime, que me has roto la guitarra!

Volví a mi habitación, pero seguía oyéndolo tocar y cantar en el pasillo. Tuve que llamar a recepción para que lo metieran en su cama.

Al día siguiente, mientras hacíamos el paseíllo, se me puso desafiante.

—Anoche me rompiste la guitarra, hijo de... ¡Y ahora te voy a dar un repaso!

—Tengo más cojones que tú; ¡a ver si te enteras, Manuel!

Esa tarde salimos ambos por la puerta grande y nos llevaron a hombros hasta el hotel. Durante todo el trayecto, entre risas, me iba recordando que tenía que comprarle una guitarra. Aún hoy, cuando nos encontramos, nos abrazamos y me dice que le debo una guitarra. ¡Qué arte!

FESTIVALES BENÉFICOS: LA SOLIDARIDAD DEL TORERO

El jefe del Estado había prometido, en los años de la posguerra, que no quedaría nadie sin hogar en España, pero en la mayoría de los pueblos de aquella España de los cincuenta y sesenta la gente vivía en una pobreza inadmisible. Muchos eran ancianos sin techo ni un bocado que llevarse a la boca, acogidos en asilos donde las condiciones de vida estaban muy lejos de cubrir las necesidades más básicas de un ser humano.

Una tarde de 1956, Luis Miguel y yo paramos en Medina de Rioseco, un pueblo de la provincia de Valladolid, mientras regresábamos de torear en San Sebastián. Nos habíamos alojado en el lujoso hotel Cristina, rodeados de todo confort, y de repente, al bajar del coche para tomar un café en un bar del pueblo, se nos acercaron dos monjitas pidiendo limosna para los ancianos a los que cuidaban en el asilo.

—¿Vosotros sois toreros? ¡Qué guapos y qué bien vestidos vais! Por favor, dadnos una limosna para que puedan cenar esta noche nuestros ancianos —dijo una de ellas, simpatiquísima.

—Es su reflejo, hermana. ¡Guapa es usted! —le respondí a la monja, que no tendría más de veinte años y que insistía en la limosna.

—¿Por qué no venís al asilo y veis vosotros mismos cómo malviven los ancianos? —dijo su compañera, con lágrimas en los ojos.

—¡Hermana, no llore, que parece la Macarena! —le aseguré, tratando de sacarle una sonrisa.

—Vamos al asilo —dijo Luis Miguel.

Cuando llegamos, nos contaron que había sido un convento, pero lo que vimos era un edificio en ruinas. No tenían luz eléctrica ni calefacción; el agua la sacaban de un pozo, y apenas comían las sobras que les daban los vecinos del pueblo, quienes también eran pobres de solemnidad.

—Esto es lo que van a cenar esta noche —me dijo una de las monjas, mostrándome cuatro mendrugos de pan duro que debían repartirse entre veinte ancianos.

Vimos a los ancianos, harapientos, sentados en unos bancos de madera, viejos y mugrientos. Nos mostraron también donde dormían: jergones de paja en el suelo y restos de mantas para cubrirse en las noches de invierno, que apenas los resguardaban del frío.

Luis Miguel y yo observábamos aquella pobreza, todavía con la lujosa habitación del hotel Cristina en la memoria, de donde habíamos salido por la mañana. También pensé en la *suite* del hotel Wellington en Madrid, donde descansaría al llegar. Ese contraste me provocó una sensación extraña, un frío interior que me heló el cuerpo.

De inmediato les dimos veinticinco mil pesetas cada uno, que en 1959 era una suma considerable.

—¡Cincuenta mil pesetas! ¡Tenemos para un año! Gracias, toreros, gracias —repetían las monjitas.

—Vamos a organizar un festival taurino para que, con los beneficios obtenidos, se cubran los gastos de las mejoras que hacen falta aquí —dijo Luis Miguel, y yo asentí encantado.

Nos comprometimos con las monjas y organizamos el festival taurino gracias al entusiasmo y la colaboración de Ángel y Rafael Peralta, quienes se encargaron de la organización y, desde entonces hasta la actualidad, siempre lograron llevar a figuras del toreo.

Un año después del primer festival, el asilo de ancianos de Medina de Rioseco que habíamos conocido en tal precariedad no se parecía en nada a la residencia de ancianos en la que se había convertido, con luz eléctrica, agua corriente y calefacción.

Los ancianos pasaron de vivir de la caridad a hacerlo de sus propios recursos, cultivando una huerta de frutales y hortalizas y elaborando repostería que las monjas vendían.

Cuando volvemos a lo que hoy es la Residencia de Ancianos Sancti Spiritus y Santa Ana, la madre María Domeño nos atiende como a dioses. Allí nos llaman sor Dominguín, sor Ostos y sor Peralta, y tienen nuestras fotografías en la entrada de la residencia.

El gran rejoneador Ángel Peralta, un querido amigo y excelente persona, junto con su hermano Rafael, también figura del rejoneo, han sido y siguen siendo los organizadores de este grandioso festival de Medina de Rioseco en beneficio de la residencia de ancianos. Aquel festival que comenzamos a organizar hace más de sesenta años sigue vivo gracias a los hermanos Peralta.

En 2011, con ochenta y cinco años, Ángel Peralta recibió el nombramiento de «hijo adoptivo» de Medina de Rioseco, tras medio siglo de dedicación y generosidad, y no puedo dejar de recordar su fallecimiento. Hace algunos años que descansa en paz el gran rejoneador Ángel Peralta, el extraordinario caballero del ruedo, el centauro de las marismas y, sobre todo, mi amigo del alma. Sí, mi amigo.

La solidaridad de los toreros en los festivales benéficos taurinos contribuye a la construcción de hospitales y residencias de ancianos, y a ofrecer ayuda a compañeros necesitados debido a desgracias o percances sufridos en el ruedo. También se destinan a causas solidarias, como a la Asociación contra el Cáncer, a pacientes de ELA, a víctimas de catástrofes o del terrorismo, así como a entidades que se dedican a la investigación del origen y tratamiento de enfermedades y que no cuentan con los recursos económicos necesarios para su estudio, entre otras ayudas humanitarias y sociales.

Desde siempre, los toreros han estado dispuestos a colaborar con los damnificados en cualquier causa que los necesite, porque somos personas muy sensibles a la marginación, a la pobreza, a la enfermedad…, a todo aquello que exige un compromiso con la solidaridad.

Solidarios una vez más, Roberto Domínguez, César Rincón, Ortega Cano o el novillero Javier Benjumea participaron en el festival taurino en homenaje a Mondeño y a beneficio del Hogar de la Infancia de Cartagena (Murcia), que se organiza cada año, coincidiendo con el II Congreso Taurino de la Región de Murcia en 2012, donde intervinieron como ponentes los toreros Juan Mondeño, Paco Camino, Diego Puerta, Jaime Ostos, Miguel Báez Litri, Dámaso Gonzalo, Ángel Teruel, Ortega Cano, Pepín Liria, Alfonso Romero y el humorista Arévalo, tratando aspectos diversos, como la medicina y la cirugía en los toros.

Aquella tarde acudieron a presenciar el festival taurino Rocío Jurado con mi mujer, María Ángeles, y, mientras José Ortega Cano toreaba con la muleta, le cantó su esposa el pasodoble que lleva el nombre del maestro. Fue extraordinaria la emoción del público de la plaza de toros.

Al terminar de torear con la muleta, Ortega Cano se dirigió al burladero de capotes a coger el estoque.

—José, has toreado de lujo, no vayas a estropear la faena pinchando al toro —le dije con ironía desde el burladero.

—Sal tú y lo matas, a ver si tienes huevos —me contestó él.

Sin pensármelo, salí del callejón, le quité la espada y me fui en busca del toro para hacerle la suerte suprema, que fue de categoría. Cortaron y pasearon por el ruedo las dos orejas ante un público entusiasmado.

Una semana más tarde, me llegó a casa una carta del Ayuntamiento de Cartagena con una multa de cinco mil euros, por haber matado en el ruedo un toro vestido con traje de calle. Se la pasé a Ortega Cano, y este, a la alcaldesa de Cartagena, gran aficionada, quien nos pidió disculpas.

La reconocida sensibilidad artística del torero se extiende mucho más allá de las faenas en el ruedo. Como seres sensibles, no solo al arte, sino también a las injusticias que a veces tocan de cerca a seres queridos o a aquellos casos que nos llegan al corazón, los toreros nos prestamos a contribuir de la manera que esté en nuestra mano.

El Festival Taurino de Chinchón se remonta a 1871, cuando el matador de toros Salvador Sánchez, Frascuelo (Churriana, Granada, 1844-Madrid, 1898), quiso mostrar su agradecimiento a los vecinos de Chinchón, quienes lo colmaron de atenciones tras sufrir allí, en una capea, una grave cogida.

El mismo Frascuelo se encargaba de lidiar cuatro o cinco novillos hasta su muerte, y posteriormente el diestro Marcial Lalanda tomó el relevo, transformando la corrida individual en un festival donde participaban cinco, seis o siete figuras del toreo, junto con algún novillero, siempre en beneficio del Asilo de Ancianos Desamparados de San José. Yo mismo participé en varios de estos festivales, ya bajo la organización de Julio Aparicio padre; años más tarde, el hijo asumió la organización, continuando con la labor en favor de las hermanas clarisas. Julito Aparicio hijo siempre se ha encargado de confeccionar carteles con toros de ganaderías importantes, figuras del toreo y el nombre de algunas jóvenes promesas, logrando que el Festival Taurino de Chinchón mantenga, además de su fin benéfico, un atractivo taurino para los aficionados.

Después de la retirada, torear en festivales nos da la vida a los toreros.

—Estás para volver. Vuelve, Jaime..., que quien tuvo retuvo —decían los cantos de sirena.

Las ovaciones, las vueltas al ruedo, los agasajos de los aficionados después de un festival o los piropos de las mujeres pueden hacer que pierdas los pies del suelo por unos instantes. En esos momentos, puedes llegar a considerar la idea de volver, pero son espejismos que debes enfrentar con madurez, porque, si regresas a los ruedos sin estar en tu sitio, te conviertes en el reflejo de la incoherencia. No pocas figuras del toreo volvieron y terminaron haciendo el ridículo más espantoso.

Es muy difícil que los toreros aceptemos con resignación el paso del tiempo y la retirada de los ruedos. Asumirlo es duro y doloroso, requiere una gran madurez, pero es un esfuerzo que hay que hacer.

HOMENAJES Y PREMIOS

El 1 de octubre de 1967, en la segunda corrida de toros de la Feria de San Miguel, la Maestranza estaba llena. Se lidiaron cinco toros de Benítez Cubero y uno de Torrestrella. La terna de la corrida la componíamos Jaime Ostos (de azul y oro), Mondeño (de blanco y plata) y el Cordobés (de azul y oro).

Así narró los hechos el *ABC de Sevilla*:

> Terminado el paseo de las cuadrillas, el gobernador civil, señor Utrera Molina, hizo acto de presencia en el ruedo para condecorar a Jaime Ostos con la Cruz de Beneficencia con distintivo blanco. La imposición tuvo la efusiva rúbrica de abrazos y ovaciones.
>
> Ha sido una tarde de perfiles entrañables para Jaime Ostos, quien recibía un cálido homenaje público en reconocimiento por su generosa y fecunda contribución a múltiples obras benéficas y como protagonista y organizador de festivales solidarios. El torero recibió el afecto popular y los gestos de compañerismo por parte de Mondeño y el Cordobés, quienes le rindieron honores con sus brindis.
>
> El astigitano puede estar legítimamente satisfecho por las unánimes expresiones de cariño y admiración recibidas. Los toros no contribuyeron al triunfo, pese al esfuerzo de los toreros por sacarles partido, salvo el lote del Cordobés, que aprovechó bien y logró un gran éxito, saliendo a hombros. Pero

> el público supo ovacionar el valor sereno de Ostos, el buen toreo del astigitano interpretando con el capote verónicas al estilo clásico, cargando la suerte y ganando un paso en cada reunión, lo mismo que en los naturales, sellados con temple, medida y elegancia. El veterano maestro mantuvo, como siempre, izado el pabellón de la gallardía.

Aquel año se cumplieron once de la confirmación de mi alternativa en Madrid y del primer homenaje que recibí como figura del toreo el 17 de mayo de 1958 con el toro Famosito, de Cobaleda, con A. Bienvenida de padrino y Gregorio Sánchez como testigo, siendo el organizador del premio don José María del Cossío, que reunió en el hotel Wellington a lo más selecto de la tauromaquia, representantes de la aristocracia española, ganaderos, empresarios, políticos, banqueros y amigos míos.

Entré en el salón del brazo de doña Eugenia María Fitz-James Stuart, condesa de Teba, hermana del XVII duque de Alba, tía de Cayetana de Alba y viuda de don Juan Manuel Mitjans y Manzanedo, duque de Santoña, de cuyo matrimonio nació Carlos Alfonso Mitjans y Fitz-James Stuart. También era tía del famoso marqués Jimmy Ardales, gran cazador, aficionado a los toros y muy partidario de Luis Miguel y mío, quien nos invitaba a cacerías de perdices en sus fincas y nosotros lo llevábamos a vernos torear en muchas plazas de España y Francia, donde un día lo vestimos de luces e hizo el paseíllo con nosotros con ropa de Luis Miguel y con la mía... ¡Qué gran tipo!

Pasé la fiesta con la condesa, arropado por su familia y amigos. «Jaime, he venido para estar contigo, así que no pienso separarme de ti», me dijo la aristócrata más taurina del momento, que sentía y demostraba adoración por mi persona. Y cumplió su propósito al pie de la letra, sin despegarse de mi lado, galanteando elegantemente, y yo me dejé querer por aquella extraordinaria mujer de ochenta años.

Allí estaban conmigo Juan Belmonte, Álvaro Domecq, Ángel Luis Bienvenida, Victoriano Valencia, Domingo Dominguín, Miguel Primo de Rivera, Cristóbal Martínez-Bordiú, Gandarias, los Urquijo, Sancho Dávila y numerosos amigos que me brindaron una noche muy emotiva. Apenas llevaba dos años de alternativa y comenzaba a convertirme en figura del toreo. Respondí a Cossío con palabras de agradecimiento, muy emocionado, asegurando a todos los presentes que Jaime Ostos aún no había llegado a la cima del toreo, pero que mi vida profesional estaba encaminada a ser una gran figura, y que en lo personal seguiría siendo una persona honrada. Esas eran mis metas, y creo que las cumplí.

Todas las figuras del toreo recibimos numerosos homenajes durante nuestra carrera, con distinciones, premios y trofeos que uno siempre agradece profundamente. Sin embargo, cuando los recibes estando ya retirado, el agradecimiento viene de esos aficionados que te tributan los mismos honores que cuando eras figura y, aunque duren media hora, son treinta minutos que te hacen recordar que alguna vez fuiste un dios.

DE FRANCO A FELIPE GONZÁLEZ, CON ENRIQUE SARASOLA

De desayunar con Franco a viajar con Felipe González puede parecer un cambio de camisa o vulnerabilidad de carácter y conducta, pero, en mi caso, todo se debe a una cuestión de amistad.

Mi gran amigo Enrique Sarasola, empresario vasco al que conocí en Colombia después de un gran triunfo que tuve en la plaza de toros de Bogotá, estaba ya muy bien relacionado con la élite empresarial de Colombia, y conmigo conoció el poder político en Latinoamérica.

Mis brindis en las plazas de toros a presidentes como el venezolano Carlos Andrés Pérez, el colombiano Álvaro Uribe o el peruano Manuel Odría eran correspondidos con sus invitaciones a sus casas y despachos, y conmigo iba Enrique Sarasola siempre.

El talento, la simpatía, la personalidad y su enorme sentido de la amistad le proporcionaban a Enrique Sarasola una singularidad social y económica que le hizo ser el más deseado en los círculos madrileños de mayor élite, y más a raíz de su relación con Felipe González mucho antes de que fuera elegido presidente en 1982.

Ambos se conocieron porque tenían despachos vecinos en la Gran Vía madrileña, aunque trataban asuntos bien distintos: el empresario era agente de bolsa de Price Waterhouse y cofundador del periódico *Cambio 16*, y entonces Felipe González era militante del PSOE, miembro del Comité Provincial del PSOE en Sevilla. Después, accedió al Comité Nacional; más tarde, participó en el vigesimoquinto congreso del partido celebrado en Touluse en 1974, y, dos años después, en Suresnes.

En Madrid se llamaba Isidoro y había iniciado la lucha política desde su despacho de abogado laboralista en 1969. Estuvo unos meses en la cárcel por participar en 1971 en un mitin contra la dictadura de Franco, y era el personaje más vigilado por la Guardia Civil, viviendo clandestinamente.

—Jaime, tienes que llevar a Felipe en tu coche escondido hasta Burgos, aquí en Madrid está permanentemente vigilado. Lo recoges en Aranjuez, y en el restaurante Landa, en Burgos, estarán esperándolo miembros del PSOE exiliados en Francia —me pidió mi amigo Enrique Sarasola.

Días después, como de costumbre, yo estaba desayunando en la cafetería del hotel Wellington cuando recibí la compañía del más alto cargo de Policía en Madrid, quien con todos los detalles me relató mi viaje a Burgos con Felipe González.

—No te preocupes, Jaime, el Gobierno está enterado de todos los movimientos de Felipe, y sé de buena fuente que, además de espiarlo, lo protegen.

Me alegré muchísimo cuando fue elegido presidente del Gobierno porque es amigo, un hombre equilibrado, con gran intuición para reaccionar de la forma más conveniente, porque da confianza en exceso y ha sido un gran político de Estado.

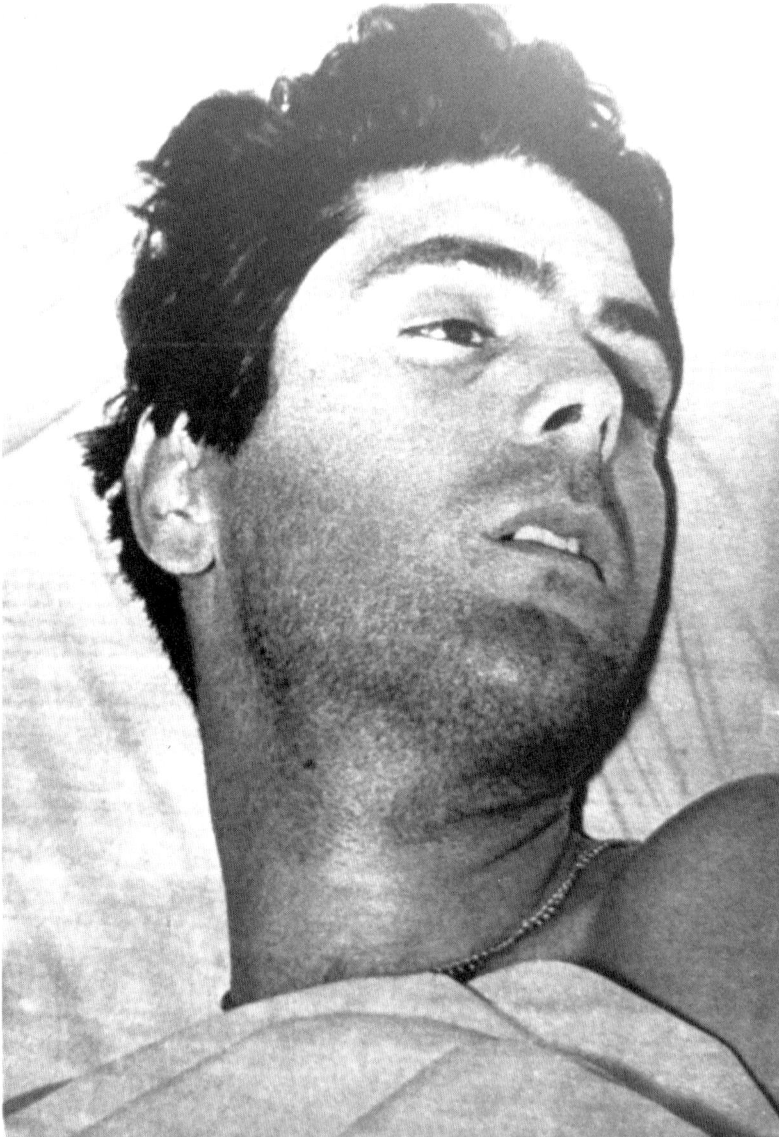

Agonía del diestro tras la grave cornada en
Tarazona el 17 julio de 1963.

CAPÍTULO 11

Las cornadas son las medallas del torero

—Se nos va de las manos... —lamentaba el equipo médico en la enfermería de la plaza de toros de Tarazona, en Aragón, el 17 de julio de 1962, a las siete de la tarde. Los doctores Félix Iyarri, Val Carreres, Campoamor, Ariño y Ayensa luchaban por salvarme la vida.

—Se nos muere, se nos muere... —salió diciendo el capellán de la plaza, el reverendo Leopoldo Cabello, después de administrarme la extremaunción.

Desde el callejón, y a petición de los médicos, se solicitó a viva voz la colaboración de donantes de sangre que compartieran mi grupo sanguíneo. Un centenar de personas bajaron de los tendidos y formaron una cola en la puerta de la enfermería. El primer donante fue el crítico taurino zaragozano Salvador Asensio, y el segundo, un ciudadano francés seguidor mío, de nombre Michel Planchat. Después, el generoso pueblo de Tarazona continuó donando.

Cinco, seis, siete, ocho litros de sangre se transfundieron a mi cuerpo inconsciente, en un intento desesperado por detener la hemorragia, a pesar del torniquete que me había hecho

Ángel Peralta en la ingle derecha. La cornada, causada por el pitón del primer toro de la corrida, Nevado, número 69, de la ganadería salmantina de Ramos Matías, ocurrió después de un muletazo bajo, tras un natural, y al intentar el segundo.

El viento me había descubierto en el segundo natural, y el toro me empitonó en la ingle, lanzándome a los lomos y tirándome al suelo. Intenté incorporarme y quitarme el corbatín, pero me desmayé mientras el público, aturdido, veía cómo mi sangre brotaba a borbotones. Los peones y mis compañeros, Peralta, Caracol y el Viti, me recogieron del ruedo a toda prisa y me llevaron a la enfermería.

La enfermería de la plaza de Tarazona, como todas las plazas de tercera categoría en 1963, era un pequeño cuarto con una camilla, una silla y material quirúrgico básico, adecuado solo para curas de poca gravedad. Pero mi cornada era tremenda. El pitón había calado muy hondo, desgarrando músculos, nervios y arterias del muslo derecho, penetrando en el espacio crural, rompiendo la vena ilíaca externa y destrozando el retroperitoneo, lo que provocaba una hemorragia incontenible que exigió la transfusión de más de ocho litros de sangre.

Dos horas más tarde, toda España estaba al tanto de mi cornada mortal, después de escuchar las palabras del capellán: «Se nos muere...».

En la enfermería, los doctores intentaban taponar la vena ilíaca externa, que seguía sangrando, mientras transfundían la sangre donada por el pueblo de Tarazona. Observaban mi pulso y la presión arterial, pero yo no salía del *shock* hemorrágico y permanecía en coma.

«Las probabilidades de salvarlo son mínimas, porque no responde al *shock*», comentó, conmocionado, mi amigo Ángel Peralta a Caracol y el Viti, quienes, tras terminar con sus toros, esperaban consternados en la puerta de la enfermería.

A las diez de la noche, empecé a recuperar el pulso y mi tensión arterial subió a siete de máxima. Aunque no salía del coma, este cambio generó cierto optimismo entre los médicos, mi apoderado, mis compañeros, mi cuadrilla y los familiares que iban llegando desde Sevilla hacia la medianoche.

Mi estado seguía siendo crítico, y el pronóstico, gravísimo, ocupando las portadas de los periódicos al día siguiente y desplazando a segunda línea la efeméride del 18 de julio, Fiesta Nacional, algo que desagradó a Franco.

—Excelencia, ¿ha enviado usted un telegrama a Ostos interesándose por su salud? Ha tenido una cornada gravísima y se teme por su vida —le informaron a Franco.

—Todavía no hemos mandado nada... Tengan en cuenta que nos ha robado la portada de los periódicos. ¿Es necesario enviar un telegrama a quien nos «estropea» el 18 de julio, nuestra Fiesta Nacional...?

—Excelencia, toda España está pendiente del torero.

—Bueno... Si es así, habrá que hacerlo. ¡Vaya con el torero, amigo de mi yerno! Que conste que les ha robado a los españoles el protagonismo del recuerdo del Alzamiento Nacional.

Una semana después, ya había recuperado la consciencia e iba recordando el momento de la cogida. Lo más sorprendente es que recordaba lo sucedido en la enfermería, como si hubiera estado despierto y no en coma. Podía oír los lamentos de mi cuadrilla, el temor de los doctores ante un fatal desenlace, las palabras del capellán y los llantos de mi madre, mi padre, mis hermanos y mi mujer, María Consuelo.

Mientras agonizaba en la cama, me vi haciendo el paseíllo a través de un túnel de colores, acompañado de música. La gente me aplaudía, mi madre y mi cuadrilla lloraban... Estaba dando la vuelta al ruedo con las orejas en la mano, igual que después de una buena faena y una estocada extraordinaria. Me sentí en la antesala de la muerte y me vi también regresando por el mismo túnel a la vida, como si caminara sobre una alfombra tan blanda que me hundía los pies, tan placentera que me producía una tranquilidad absoluta. Así lo recordaba cuando salí del coma. No sé si aquel túnel musical y de colores es como el preludio de la muerte, pero, de serlo, me dio una serenidad tan grande que, desde aquella fecha, ya no le temo a la muerte. Lo que sí me produce pánico es vivir incapacitado, con dolores o dependiente de máquinas que prolonguen la vida y también el sufrimiento, tanto para uno mismo como para la familia. Por eso comprendo a Belmonte y a quienes tomaron una decisión similar, quitándose de en medio.

A lo largo de mi carrera taurina, tuve veintitrés cornadas, casi todas graves o muy graves, como la de Toledo, el 7 de abril de ese mismo año, con un toro de Arranz, que me dio dos cornadas, una en cada muslo. Perdí la Feria de Sevilla, pero me recuperé a tiempo para San Isidro, donde se esperaba mucho de mí, tras haber sido el triunfador de la feria anterior. Pero el 18 de mayo me cogió un toro de Galache; encabezaba el cartel con Camino y el Viti. Al primero de mi lote le corté una oreja y con el segundo vino la cogida.

Me contaron que, tras la corrida, una multitud de aficionados rodearon las puertas del Sanatorio de Toreros, y que mucha gente desfiló ante las cámaras de televisión, deseándome suerte y una pronta recuperación. Las muestras de cariño y admiración por parte de los aficionados compensan incluso salir de Las Ventas en una ambulancia, aunque yo lo que había intentado era salir, una vez más, por la puerta grande.

Estaba en el cénit de mi carrera, con el mando, poder, maestría y honradez que caracterizaban mi entrega en el ruedo. Por demostrarlo cada tarde, me puse muchas veces en el sitio donde el riesgo de ser cogido por el toro es grande; ese es el precio que se paga.

De la gravísima cornada de Tarazona, el primer objetivo fue salvarme la vida; el segundo, salvar la pierna, y el tercero, recuperar la movilidad para poder seguir toreando. Pasé un año en una durísima rehabilitación que, a base de sacrificio y esfuerzo, me permitió reaparecer trece meses después en la plaza francesa de Arlés, donde corté cuatro orejas. Todo valió la pena, porque ese año, 1964, toreé más de sesenta corridas.

He pasado muchas veces por el hule. En 1956, mi primer año de alternativa, sufrí tres cornadas graves: en Zaragoza, un 7 de abril; en Pamplona, el 11 de junio, y en Bilbao, el 25 de agosto. Al año siguiente, pasé por el quirófano en cuatro ocasiones, entre junio y octubre, en A Coruña, Santander, Bilbao y Zaragoza. En 1958, en Sevilla, el 28 de abril, y en Salamanca, el 13 de septiembre. En 1959, las más graves ocurrieron en Valencia, el 18 de marzo, y en Toledo, el 28 de mayo. En 1960, la del 7 de julio en Pamplona; en 1961, en Linares, el 29 de agosto, y en Zaragoza, el 12 de octubre.

En aquella época, las corridas de toros eran muy duras y casi todos los toreros pasábamos por el hule más de dos veces por temporada. El Sanatorio de Toreros, en Madrid, solía estar muy concurrido desde julio hasta septiembre. Allí coincidíamos Camino, el Litri, Ordóñez, Dominguín, Aparicio, Chamaco, Puerta, el Viti…, junto con banderilleros y picadores, ya que ninguno de nosotros se libraba de las cornadas.

Los doctores de Las Ventas y de las clínicas de provincias como Salamanca, Córdoba, Zaragoza, A Coruña, Santander, Valencia o Pamplona me han salvado la vida muchas veces, al igual que a muchos de mis compañeros, y por esto nos parecen auténticos dioses. De ahí que nuestro sentimiento de gratitud hacia los doctores y hacia la medicina sea inmenso.

A lo largo de los años, la convivencia en el Sanatorio de Toreros nos acercó a quienes compartíamos un destino común, unidos por el respeto y la valentía que exige nuestra profesión. Allí aprendimos que el verdadero arte del toreo también se mide en la fuerza de superar el dolor, y en el agradecimiento profundo a todos aquellos que, desde la medicina, se entregan para devolvernos la vida y la dignidad cada vez que un toro nos derrota en la arena.

MI PEOR CORNADA NO FUE EN EL RUEDO

La peor cornada de mi vida me la dio mi mujer, María Ángeles, en 1989, cuando decidió romper nuestro matrimonio debido a mis errores. Me había perdonado una vez, quizás dos, pero a la tercera me dio la puntilla y me hizo firmar el divorcio.

Durante los dos años que estuvimos divorciados, procuré mantenerme cerca de ella y demostrarle, día tras día, mi arrepentimiento, el amor que sentía y el deseo de formar un hogar estable para nuestro hijo Jacobo. Pasaba los días dándole pruebas de mi compromiso, hasta que finalmente me dio una segunda oportunidad, algo en lo que intervino mucho don Severo Ochoa, que conocía bien nuestros sentimientos.

«Jaime está totalmente arrepentido y lo tienes entregado; deberías darle otra oportunidad», le aconsejó el nobel a María Ángeles. Y en algo debió influir, porque el fin de semana del 25 de julio de 1992, durante la inauguración de los Juegos Olímpicos en Barcelona, viajamos juntos a Oviedo para ver al profesor Ochoa, que descansaba en La Granda, y le anunciamos que en breve nos volveríamos a casar.

No pasó ni un mes. El 14 de agosto de ese mismo año nos casamos de nuevo por lo civil, otra vez en El Escorial, con Jacobo como testigo. Desde entonces, mi vida se la he dedicado a mi mujer y a mi hijo.

LA MUERTE DE UN TORERO EN LA PLAZA Y EL IMPACTO DE LA MUERTE DE PAQUIRRI

En toda corrida de toros, el hálito de la desgracia está presente debido al peligro del toro, a un error del torero o, a veces, de ambos. En un accidente fortuito, el desenlace trágico puede llegar en cualquier momento. Hay volteretas espeluznantes de las que el diestro sale indemne, y hay revolcones en los que el toro acierta con el pitón, hurgando en el cuerpo del torero, retorcido en la arena, lanzado al aire repetidamente. En las acometidas furiosas, el torero intenta aferrarse al pitón que lleva incrustado en el muslo.

La cornada es un instante dramático y eterno en el que el torero queda a merced del toro. Mientras ocurre, en los tendidos el público grita y gesticula con horror, presenciando la tragedia en el ruedo, mientras la cuadrilla y los compañeros acuden en su auxilio. Si la cogida ha sido grave, el torero es trasladado a la enfermería en medio de una angustiosa expectación.

¿Qué se siente en esos momentos? Yo he sentido el aliento del toro muy cerca, la impotencia de estar a su merced, la angustia de ver la hemorragia y no poder contenerla con una mano, mientras con la otra intentaba deshacerme del pitón...

Si el torero pierde la conciencia, ya no sentirá nada, y enseguida quedará en las hábiles manos del cirujano, quien repara los destrozos, liga arterias, corta la hemorragia y trata de mantener la presión sanguínea con transfusiones. Si la evolución es buena, a las pocas semanas estamos de nuevo haciendo el paseíllo. Pero hay cornadas mortales...

La muerte de un torero en la plaza, en la enfermería o en la clínica provoca una conmoción pública, pues constituye en sí misma un espectáculo dramático. Es una tragedia ver a un hombre vestido de luces que entra en la plaza triunfante y glorioso y sale agonizando, como Paquirri, el Yiyo, Víctor Puerto o Fandiño..., o ya sin vida, como Manolete, Sánchez Mejías, Pepe Hillo, Espartero o Granero.

Todos los toreros que mueren por asta de toro se convierten en mitos en plena juventud, siendo figuras o firmes promesas, al perder la vida con gallardía y valor frente a la fiereza del toro, como héroes, en un espectáculo donde el éxito tiene la servidumbre de la muerte.

Conocí a Paquirri desde sus comienzos como novillero. Más adelante, por mediación de su suegro, asistí a su primera boda y lo seguí con interés profesional y afecto. Su muerte me causó un gran pesar y me obligó a reflexionar sobre el destino de un ser humano que ha conseguido todo en la vida a base de esfuerzo, valor y personalidad, y que en un instante deja de existir, en una plaza de toros de tercera categoría, cuando ya tenía programada su retirada de los ruedos y sus proyectos giraban en torno a la familia y el campo.

Mi mujer, María Ángeles, mantenía una buena amistad con Paquirri a raíz de haber estado escribiendo sus memorias, publicadas después de su muerte en la revista *Semana*. En ellas, él había dejado constancia tanto de su interpretación del toreo como de su vida sentimental. La muerte de Paquirri nos impactó mucho a ambos. Habíamos estado con él en Salamanca en la última feria; nos habló de su próximo viaje a América con Isabel para cumplir algunos compromisos y de su cercana retirada. Paquirri vivía apegado al campo y a la vida hogareña desde su ruptura con Carmen Ordóñez y sus aventuras sentimentales, y al casarse con Isabel Pantoja disfrutaba en Cantora de todo lo que había conseguido toreando, sin más inquietud que el viento de poniente cuando llegaba desde Tarifa. Sin embargo, la noche del 26 de septiembre de 1984, Paquirri perdió la vida en una ambulancia camino al hospital Reina Sofía de Córdoba, herido mortalmente una hora antes en la plaza de Pozoblanco por un toro de la ganadería de Salayero y Bandrés, al que había brindado al entonces joven Manuel Díaz, el Cordobés. Fue el segundo de su lote, de nombre Avispado, un toro incierto que se vencía por el pitón izquierdo y que le hundió el asta en el muslo. Paquirri se aferraba con fuerza al pitón, intentando evitar lo peor, pero Avispado le estaba atravesando la arteria y la vena femoral. El público vio en directo cómo los chorros de sangre salían del muslo, empapando la arena.

Paquirri llegó consciente a la enfermería de la plaza de Pozoblanco, en Los Llanos, donde le dijo al doctor que la cornada era fuerte y que tenía dos trayectorias.

—Doctor, abra usted lo que tenga que abrir, yo estoy en sus manos.

El diestro fue intervenido satisfactoriamente en la enfermería de la plaza por los doctores Ruiz González y Morán Gómez, para atender la cornada que afectaba la safena y la femoral. Sin embargo, el deseo de Paquirri era que lo trasladaran al hospital Reina Sofía de Córdoba, donde lo esperaba su amigo y cirujano Ramón Vila. Paquirri insistió tanto que obligó a su mozo de espadas a firmar el traslado, sin considerar que en el trayecto, por una carretera llena de curvas, podía ocurrir un desenlace fatal, como así fue.

La causa de la muerte de Paquirri fue una hemorragia intraperitoneal que no era visible, pero cuyos síntomas comenzaron a aparecer mientras estaba en la ambulancia, cuando empezó a sentir dificultad para respirar.

—Me ahogo... ¿Cuánto falta para llegar a Córdoba?... Me ahogo... —decía Paquirri, a pocos kilómetros del hospital de Córdoba, donde llegó ya sin vida.

Conocimos la noticia de la muerte de Paquirri solo una hora después de que ocurriera, y dejó sin aliento a toda España, especialmente a la familia taurina, que lloramos aquella noche su pérdida.

—Paquirri se ha convertido en mito —le dije a mi mujer, muy afectada.

—¡No puede ser! Hace diez días estábamos con él en Salamanca, cenando, hablando, recordando, y él haciendo planes de viaje con Isabel a América. ¡Qué injusta es la vida! Solo tenía treinta y seis años... —dijo mi mujer.

—Manolete tenía treinta años cuando Islero le quitó la vida —comenté.

Años después, también hemos llorado otras muertes: la del Yiyo en Colmenar Viejo, la de Montoliú en Sevilla, la de Víctor Barrio en Teruel, la de Fandiño en Francia..., y también las cornadas que dejaron tetrapléjicos a toreros, como es el caso de Julio Robles, y a subalternos del Juli y el Fundi. Siempre se sufre ante cualquier tragedia que ocurra en el ruedo.

La fiesta tiene atractivo cuando al arte y al valor del torero se suma el peligro del toro. Sin esa tríada, la corrida de toros perdería magia y misterio, lo que precisamente lleva a los aficionados a las plazas. Al aficionado le gusta el colorido y el ambiente en los tendidos, pero, si no percibe en el ruedo el riesgo y el peligro de que el torero sea cogido por el toro, la lidia perdería el interés de la afición taurina.

DESPUÉS DE LAS CORNADAS SIGUE LA VIDA

Tras la gravísima cornada de Tarazona en 1963, que me tuvo al borde de la muerte, reaparecí en los ruedos diez meses más tarde, en la plaza francesa de Arlés, obteniendo un gran triunfo y cortando cuatro orejas. Me sentí superior física y anímicamente, muy preparado para torear en cualquier plaza, pero adonde realmente quería volver era a Tarazona, para ponerme a prueba psicológicamente. Así que regresé a aquel ruedo regado con mi sangre un año después.

Al terminar el paseíllo, la emoción me sacudió al recibir una grandiosa ovación de la plaza abarrotada, y no pude evitar las lágrimas. Tuve que sobreponerme de inmediato al doloroso e inolvidable recuerdo. Aquella tarde volví a realizar dos excelentes faenas a los toros de Manuel Sánchez Cobaleda, muy bien presentados, con arrobas y pitones, que hicieron una pelea aceptable. Fermín Murillo, torero de la tierra, no pudo lucirse con la muleta, pero remató a sus dos toros con estocadas enormes. Lo mismo hizo Andrés Hernando, que cortó dos orejas a los de su lote. Y Ángel Peralta, que quiso acompañarme como el día de la cornada, puso el prólogo a la corrida, rejoneando con extraordinaria brillantez un novillo de Lamamié de Clairac.

El público de Tarazona volvió a dar rienda suelta a sus emociones, con una ovación clamorosa mientras me despedía, besando la arena de aquella plaza donde habían florecido las rosas del triunfo de la sangre derramada allí mismo un año antes.

Reaparecí pleno de ilusiones, igual que antes de la cornada en Tarazona, y esa temporada, 1964, toreé sesenta y dos corridas, logrando grandes triunfos en Valencia, Sevilla, Aranjuez, Madrid, Bilbao…

Aquel año me llovieron los homenajes, y tanto se hablaba de Jaime Ostos que me ofrecieron protagonizar una película. Debuté como actor de cine en la película *Valiente*, dirigida por Luis Marquina, alternando con grandes artistas del momento, como Conchita Núñez, Mercedes Alonso, Félix Dafauce, Manuel Arbó y Miguel Palenzuela. La película obtuvo gran éxito de taquilla y de crítica.

Al verme como actor, protagonizando mi propia vida, me gusté. Escuchaba los halagos sobre mi interpretación y, viendo el dinero que gané, casi me convencí de seguir en el cine por las propuestas que recibí. Lo único que me echó para atrás fue el horario de trabajo de un actor: en el cine se rueda muy temprano y durante muchas horas, y yo no estaba acostumbrado a esa disciplina.

Ya he contado anteriormente que un día, estando en México, desperté al maestro Cagancho a las ocho de la mañana para ir a hacer *footing* juntos, y que este me dio con la puerta en las narices, diciéndome que se había hecho torero precisamente para no tener que madrugar. Pues yo pensé lo mismo cuando me exigían estar en los rodajes a las seis de la mañana, sin saber cuándo terminarían.

En el cine se repiten mucho las escenas, tantas veces como el director considere necesario para que queden a su gusto, y yo estaba acostumbrado a que en el toreo todo es instantáneo, sin margen para la corrección. No se puede mejorar un pase, salvo en el siguiente, que también es momentáneo y huidizo. Ahí está la emoción de hacer perfecto, a la primera, lo que lleva consigo tanto peligro en su ejecución.

Sin embargo, haber protagonizado la película *Valiente* con aquellos magníficos actores y actrices, y bajo la dirección del gran Luis Marquina, me produjo una gran satisfacción y fue una experiencia muy interesante.

CAPÍTULO 12

Torear en América

Tomé la alternativa en Zaragoza el 13 de octubre de 1956, porque me habían planificado la temporada taurina en América ya como matador de toros, con más de una docena de contratos y con la perspectiva de ampliar las actuaciones dependiendo de los éxitos, que fueron muchos y grandes. Esto me llevó a pasar varios meses al otro lado del Atlántico.

MI PRIMER VIAJE A AMÉRICA

El primer viaje con la cuadrilla lo hicimos a Bogotá, con escala en el aeropuerto de Nueva York, donde mi equipo y yo nos sentimos como paletos.

—Matador, me piden unos cuantos centavos para entrar en los urinarios —me dijo Chamorro, mi mozo de espadas.

—Se llaman «aseos» —lo corregí, también sorprendido de tener que pagar por orinar.

—¡Osú, aquí cuesta dinero hasta mear! No se lo van a creer cuando lo cuente en Sevilla.

Al fin llegamos a Bogotá y allí ya nos entendíamos con todos en español. Nos hospedamos en el hotel Tequendama, donde el ambiente taurino y el afecto de los colombianos nos hacían sentir como en casa. Me encontré con mi padrino y con mi testigo de alternativa, el Litri y Ordóñez, con sus respectivas cuadrillas, los apoderados, empresarios taurinos españoles —los Lozano, Camará, Luque Gago, el Pipo, Domingo Dominguín—, y pasé con todos ellos mi primera Nochebuena fuera de casa, pero como en familia. Una semana después, tomamos las uvas en Cali, con cuarenta grados y brindando por España.

Mis primeros éxitos en Cali y en Manizales me sirvieron para que me contrataran en otras plazas colombianas y, más tarde, en México, la segunda patria del toreo, donde los toreros españoles nos sentimos como en casa.

Torear en La México, la plaza de toros más grande del mundo, era todo un privilegio, y mi triunfal debut me supuso el reconocimiento necesario para actuar posteriormente en Acapulco, Guadalajara, Mérida..., y también para ser contratado en el resto de países del continente americano, en ferias taurinas de la importancia de las de Lima, Quito o Caracas.

Volví cada año a todas las plazas de América, cosechando innumerables éxitos, como el Escapulario del Señor de los Milagros en la plaza de Acho, Lima, que me llevé cinco temporadas. Solo en 1965 y 1966 lo ganó Ordóñez, quien se había retirado de los ruedos en 1962 y regresó tres años después, reapareciendo en Caracas el 26 de marzo de 1965, compartiendo cartel conmigo y con el mexicano Ramón Montero, apodado el Maravilla. Toreamos juntos también en Lima, en la conmemoración del bicentenario de la plaza de Acho, donde ambos cortamos el mismo número de orejas, repitiendo la hazaña al año siguiente.

PLEITO TAURINO CON MÉXICO

La afición taurina en México es aún mayor que en España, y el afecto por los toreros españoles es inmenso, incluso cuando entre ambos países existía un pleito que enfrió las relaciones. Las autoridades mexicanas querían exigir que solo un torero español pudiera torear en sus plazas, alternando con dos del continente americano, y que, en correspondencia, solo un torero mexicano alternara en España con dos toreros locales.

Las exigencias del lado mexicano permitían a sus toreros mayor comodidad y menor competencia en su país, pero los empresarios allí no llenaban las plazas con carteles compuestos por dos toreros locales y uno español; el público acudía en masa solo si toreaban figuras españolas, y mejor aún si eran de categoría.

Aunque en México había grandes toreros, no todos superaban con éxito la reválida en España, y la mayoría se mantenía en una segunda línea de toreros que no llenaban los tendidos, lo cual no se ajustaba a los intereses económicos de los empresarios taurinos; muchos de ellos, españoles que tenían las plazas en propiedad o en sociedad con mexicanos, todos buscando obtener beneficios.

La situación se había vuelto desagradable hasta que, siendo ministro de Trabajo José Antonio Girón de Velasco, mediante consultas con toreros, empresarios y políticos de ambos países, el conflicto llegó a solucionarse de manera bastante democrática, cediendo cada parte lo necesario sin atropellar los intereses de los toreros, quienes eran los que más reclamaban un trato de justa correspondencia en los contratos entre ambos países.

En México podríamos torear dos toreros españoles y uno local, o dos del continente americano y uno español, si el empresario así lo consideraba. En España, de manera recíproca, la terna podía configurarse igual, pero en los carteles de lujo, en las ferias de categoría, solíamos estar al menos dos toreros españoles de primera línea, en interés del público mexicano, que es de los más entendidos.

La primera vez que fui a México me instalé en el hotel Prince, como todos los toreros españoles, y una mañana, en el vestíbulo, un admirador y policía me dio conversación y me ofreció algunos consejos sobre los robos y las «mordidas» que abundaban en México D. F.

—Si se ve en un apuro, utilice esta arma, matador —me dijo, entregándome una pistola.

—Yo he venido a matar toros, no personas —le contesté, un poco contrariado.

—Mi matadorcito, eso está bien, pero el arma es una buena defensa. Aquí le pueden molestar y, si la enseña, se libra... —insistió el policía.

—Que no, que le digo que no. Yo solo he tenido un fusil en la mili para hacer prácticas, o una escopeta en las cacerías, pero en mi vida he cogido una pistola...

—Maestro, pues acepte esta placa y guárdela, por si en algún momento la necesita —insistió el policía, que al final resultó ser un enviado de un familiar mío que vivía en México D. F.

Acepté la placa agradecido, le firmé un autógrafo y me fui con mi apoderado y mi mozo de espadas a un supermercado para comprar cuchillas de afeitar. Allí viví, por primera vez, un tiroteo de los que se ven en las películas; después viviría otros con Mario Moreno, Cantinflas.

—¡Al suelo! —le grité a Chamorro, y mi mozo de espadas se tiró tan de verdad que mandó al suelo el expositor con los productos de afeitar.

—Maestro, son tiros de verdad, aquí palmamos —susurró Chamorro, más pálido que si hubiera visto uno de Miura.

En unos segundos, se anunció por megafonía la captura de un ladrón, y todo volvió a la normalidad, como si nada hubiera pasado. La gente continuó haciendo sus compras, mientras nosotros no dábamos crédito a lo ocurrido. Volvimos al hotel, contamos lo sucedido a los Lozano, a Ordóñez y al Litri, y ninguno mostró sorpresa, pues ya lo habían vivido.

—Aquí un tiroteo es como en España una pelea entre los partidarios de Joselito y los de Belmonte —aseguró Ordóñez con tranquilidad.

—Ya entiendo por qué me han hecho un regalo como ese —le dije al Litri, viendo que él también llevaba una pistola bajo el sobaco, como la mía.

—Miguel, yo llevo una igual.

—Pues pide a Dios que no nos haga falta utilizarla —me contestó el Litri al estilo John Wayne.

Al día siguiente, salí del hotel en coche con mi cuadrilla, camino de la plaza de toros y con el tiempo suficiente, pero de pronto nos encontramos en una calle bloqueada por una manifestación de protesta, lo que provocó un parón de coches y no había manera de avanzar. Me acordé de la placa que me había dado el policía y que llevaba conmigo, así que llamé a un guardia de tráfico que mantenía la circulación detenida y se la mostré.

—A sus órdenes, mi matador —exclamó el agente—. Ahora mismito le abro paso…, si se conviene conmigo en una cantidad de pesos.

Mi chófer le entregó un fajo de billetes, y el guardia, junto con otros dos compañeros, nos abrió paso hasta la mismísima puerta de la plaza de toros, permitiéndonos llegar a tiempo para hacer el paseíllo.

—Maestro, ¿hemos venido a torear, o a hacer una película? —me preguntó la cuadrilla, que no daba crédito a lo que veía.

—Esto es de cine hasta que hagamos el paseíllo, pero después es una corrida de toros donde me voy a jugar la vida, no se os olvide —respondí, poniéndome en torero.

El segundo toro se lo brindé al gobernador. Le corté una oreja que paseé por el ruedo emocionado, porque, si hacer el paseíllo en la Monumental de México impresiona, recibir la ovación y los aplausos de cincuenta mil personas es una experiencia tan intensa que no se olvida nunca. Tampoco fue para olvidar la fiesta a la que el gobernador me invitó aquella noche en su domicilio.

LA PRIMERA VEZ QUE VI COCAÍNA

En el capítulo sobre los brindis, hablé de aquella vez que le brindé un toro al presidente de Perú y mencioné el festejo que hubo después, al que pertenece la anécdota que voy a contar a continuación, cuando por primera vez me ofrecieron cocaína.

—Señor, se ha acabado la nieve… —le dijo un camarero al anfitrión.

—Dile a *Fulanito* que llame a *Menganito* para que traiga más mercancía —contestó el gobernador sin el menor escrúpulo en mi presencia.

Media hora después, vi a los camareros mezclar la «nieve», recién llegada, con champán en grandes fuentes que luego se ofrecían a los invitados.

—Matador, pruebe y vea qué maravilla —me ofreció el mismísimo anfitrión, que, al ver mi gesto de rechazo, cambió de contertulio y se unió a los que alababan aquella «delicia». Era la primera vez en mi vida que veía la cocaína y observaba sus efectos en los invitados, quienes parecían entusiasmados tras probarla.

Aquello me pareció una orgía adobada de glamur, una orgía intensa de la que me beneficié posteriormente, siendo, creo yo, el único sobrio, lo que me permitió entablar conversación con una dama bellísima que se había separado del marido.

—Mi esposo anda entreteniendo a la esposa del gobernador —me dijo, mientras me hacía caricias.

—Ya veo a su marido, señora, y está tan cerca que no me atrevo a corresponderla.

—Pues vámonos de aquí, matador. Tengo el coche en la puerta; salgamos de esta bacanal y pasemos juntos la noche. Yo salgo primero y tú me sigues sin despedirte de nadie.

La belleza de la mujer y sus alocados deseos me impulsaron a seguirla, y media hora después estábamos los dos en mi habitación del hotel Prince. Amanecimos juntos, y luego la acompañé hasta el *hall* del hotel para despedirnos. Justo en ese momento apareció Ordóñez, que esperaba a un ganadero para ir a tentar unas becerras.

—Hombre, Jaime... Pero ¿qué haces levantado tan temprano? —me preguntó, observando a la mujer de la que me estaba despidiendo.

—Pues ya ve, maestro... —respondí, sin más argumentos.

—Anda con cuidado con esa señora, Jaime. Su marido es un empresario muy influyente, y ella es bastante liberal, sobre todo con los toreros. No te dejes camelar —me aconsejó Ordóñez.

—Maestro, solo ha sido un fogueo, nada serio por mi parte...

—Mejor, Jaime, que toreas pasado mañana, y eso es lo único que debe ocupar tu pensamiento —insistió Ordóñez.

Las insistentes llamadas de aquella mujer para vernos de nuevo, lejos de animarme a continuar la aventura, me frenaron, y decidí hacer caso al maestro Ordóñez, poniendo fin al asunto y dándole puerta a la mexicana.

LA BODA DE LOLA BELTRÁN Y JOSÉ RAMÓN TIRADO

Acudí por la tarde a presenciar la corrida de toros en la que toreaban Luis Miguel Dominguín, José Ramón Tirado y Ranchero Aguilar. Luis Miguel le brindó el primer toro a la actriz mexicana María Félix, que estaba en una barrera, y le cortó una oreja. Luego salió Ranchero Aguilar y le brindó al exmarido de la actriz, el gran músico y poeta Agustín Lara, que estaba en otra barrera; la ovación fue unánime en los tendidos. Así era México y así eran los mexicanos.

Al día siguiente, viajé a Colombia porque toreaba en Bogotá con Ordóñez y José Ramón Tirado, un torero mexicano que estaba de moda por su incipiente romance con la gran cantante Lola Beltrán, a quien le brindó su primer toro. Ella correspondió esa noche ofreciendo una cena e invitando a los toreros de la terna.

La fiesta tuvo un eco social a nivel nacional tan grande que se extendió desde Colombia hasta México, pues la cantante, recién separada del también diestro mexicano Alfredo Leal, ocupaba multitud de páginas en la prensa debido a los rumores sobre su romance con Tirado. Aunque ninguno de los dos había confirmado nada, el brindis de aquella tarde fue una noticia que dio consistencia a su relación y los convirtió en la pareja más buscada de Latinoamérica.

Volvimos a México para torear en Guadalajara los mismos diestros, y de nuevo triunfamos los tres. Tirado, para celebrarlo, se casó aquella misma noche con Lola Beltrán, en la intimidad. Él mismo nos lo contó al día siguiente, volando hacia la capital mexicana.

—Esto no puede quedar así —anunció el Pipo, su apoderado—. Pasado mañana festejaremos esta boda en la capital, por todo lo alto.

—Encárguese usted mismo del festejo, invite a los amigos y a lo más selecto de la sociedad. Nuestra boda se merece una celebración con categoría; ocúpese de todos los preparativos —le encargó Tirado a su apoderado.

Toda la élite de la sociedad mexicana acudió a la fiesta del año, donde Lola Beltrán estuvo cumbre cantando *Cucurrucucú, Paloma*. El Príncipe Gitano, también invitado, después de escucharla, casi entró en trance, cantándole a Beltrán por seguirillas y soleares. Desbordado por la emoción, rasgó su camisa en jirones, que la estrella mexicana guardó para sí.

El novio se emborrachó a gusto, disfrutando del lujo y el esplendor que se saboreaba en los salones del hotel Prince. Fue un gasto bien empleado, pues le dio a Tirado una extraordinaria propaganda en prensa, radio y televisión. Su esposa no necesitaba publicidad, ya que Lola Beltrán era un auténtico ídolo para los mexicanos. Aquel matrimonio duró poco, aunque a él le sirvió para estar en los carteles varias temporadas más.

LA AFICIÓN MEXICANA

México ha dado a la tauromaquia grandes toreros, como Arruza, Armillita, Silveti…, que triunfaron en su país y fueron también grandes maestros en España. Otros, como Alfredo Leal, Capetillo, Carnicerito de México, Lomelín…, no lograron adaptarse bien al toro ibérico, aunque alcanzaron éxito en América. Lo mismo sucedió con algunos españoles que no se amoldaron al toro de Saltillo, que llegó al país azteca, pero que adquirió ciertas particularidades con el manejo de los cruces con camadas autóctonas.

No era fácil conquistar a la afición mexicana como lo hizo Manolete en su época, o, más tarde, Camino, el Capea, Ponce, el Juli, José Tomás..., quienes han logrado triunfos extraordinarios gracias a su maestría, sin duda, pero también por su toque personal, apelando a la emotividad de la afición mexicana.

Personalmente, me quedan en la memoria los olés de la Monumental de México, que estremecen por el apasionamiento del público, proporcional al aforo de la plaza, la más grande del mundo. Recuerdo el respeto a la grandeza de su afición, mis buenos amigos mexicanos y, claro, alguna dama seductora.

La noche de la boda de Lola Beltrán y Tirado, observé que una mujer no me quitaba la mirada de encima, e incluso me siguió cuando fui al aseo. Me saludó con entusiasmo y me pidió una cita para el día siguiente.

—¿Está usted acompañada, o ha venido sola? —le pregunté, sabiendo de antemano que casi todas tenían un marido entretenido con otras mujeres.

—Mi marido anda por ahí perdido, pero no tengo problema alguno, no se preocupe, matador —respondió, agarrándose de mi brazo—. Mire, allí está, ese regordete harto de tequila es mi esposo —dijo, señalando a un mexicano borrachito que se mostraba muy cariñoso con una bailaora española de la compañía del Príncipe Gitano y de su hermana, Dolores Vargas.

—A los hombres mexicanos les gusta mucho todo lo español —le comenté.

—Y a las mujeres mexicanas también. A mí me gusta usted en particular, matador. Le vi torear la semana pasada y me entusiasmó... —me dijo con aplomo, entregándome su tarjeta de visita.

Esa noche, el Príncipe Gitano y yo terminamos llevando a dos damas y a sus maridos a sus apartamentos. Ellos, ciegos de alcohol y entusiasmados con el ambiente taurino, se bajaban del coche en cada semáforo y toreaban, a modo de manoletina o de ayudado por bajo, mientras gritaban: «¡Viva la Madre Patria, viva España!», pletóricos de copas y de pasión por el toreo.

Siempre he admirado a esos mexicanos de emblemática afición taurina, aunque últimamente los echaba de menos por la falta de toreros nacionales con el atractivo necesario para la afición. Ahora están en los ruedos jóvenes toreros con talento y valor que han vuelto a seducir al público mexicano, como Joselito Adame, Zotoluco, Diego Silveti, Arturo Macías, Saldívar, el Payo, Fermín Espinosa..., dándole a la afición mexicana la grandeza que reclama y que México se merece.

Y volviendo a la boda del año, al día siguiente recibí una llamada de don Emilio Azcárraga, dueño de Televisa, la televisión mexicana, para invitarme a una fiesta en su casa. Allí iniciamos una gran amistad que se mantuvo hasta su muerte, incluso a pesar de la competencia que tuvimos por una dama, que, lejos de enfrentarnos, nos acercó y generó entre nosotros un trato aún más íntimo.

MI GRAN AMISTAD CON CANTINFLAS

En México, como en Colombia, Ecuador, Perú, Venezuela..., los toreros éramos y siguen siendo tratados como dioses, tanto por el pueblo como por los mandamases. A unos y otros les han emocionado tanto los toreros de éxito que crean leyendas en torno a ellos y se entregan con generosidad y pasión al ídolo. A mí me sucedió con Cantinflas, en México.

A raíz de un brindis que le hice a Mario Moreno, Cantinflas, en la Monumental de México, y que él correspondió invitándome a su casa, nació una larga amistad que comenzó en su hacienda, en un tentadero organizado en mi honor, con vacas de su ganadería. Para él, el toreo era su tema de conversación preferido, incluso más que el cine.

—Me gusta platicar contigo, matador, porque sentimos lo mismo y nos gusta expresarlo. Pero algunos compañeros tuyos no saben explicarse. Torean muy bien, son grandes maestros en el ruedo, sí, pero andan faltos de expresión, Jaime —dijo Mario en una de nuestras relajadas conversaciones en su casa.

La indiscutible personalidad del actor mexicano, reconocido mundialmente, iba mucho más allá del celuloide. Mario Moreno, que saltó a la fama como Cantinflas, era un hombre de gran talento y sensibilidad, con una cultura extensa y una mente abierta a todo lo que fuera creatividad. Era una persona excepcional con la que viví momentos inolvidables.

Una mañana, en su hacienda, me despertaron una serie de disparos que me hicieron pensar en lo peor, un atraco. Salté de la cama y salí de mi habitación muerto de miedo, siguiendo el sonido de los tiros hasta el comedor, donde Mario desayunaba tranquilamente.

—Mario, ¿esto es la guerra? —le pregunté.

—Tranquilícese, matador; son mis guardaespaldas haciendo prácticas con las armas —me contestó, sin dejar de sonreír.

—¡Pues vaya susto que me he llevado! Uno no está acostumbrado a oír tiros... Pero, dime, ¿es que corre peligro tu vida? —le pregunté.

—Aquí, la vida de cualquier potentado corre riesgo de perderse o de sufrir chantajes. Hay muchos que van buscando fortuna ajena, y hay que protegerse, Jaime. Si no tienes protección, te pueden meter una bala en la cabeza —me explicó Cantinflas.

—En España no pasa esto, Mario... —le aseguré.

—Allá ustedes han sufrido una guerra infame que desean olvidar. La gente quiere trabajo y ganar dinero para llevar una vida digna; denles toros, fútbol, y espero que les siga gustando el cine y mis películas. Sin embargo, matador, acá los mexicanos somos muy peleones, y algunos intentan resolver su vida con la pistola, robando o chantajeando... —me aseguraba Cantinflas, mientras desayunábamos con el sonido de los disparos de sus guardaespaldas de fondo.

Unos años después, también en México, coincidimos con Rocío Jurado, y Mario se enamoró perdidamente de la cantante. Aunque ella no correspondió a sus sentimientos, le ofreció una amistad tan profunda que lo mantuvo ilusionado de por vida, y siempre que él venía a España nos reuníamos. Rocío era el centro de nuestros encuentros.

En Madrid, acompañé a Cantinflas al rodaje de *Don Quijote cabalga de nuevo*, de *El bolero de Raquel* y también de *El padrecito*, en 1965. Naturalmente, pude comprobar de cerca que era un intérprete sensacional, un artistazo mundial en el mundo del cine.

Años después, en 1987, cenando en la Venta del Gato, en Madrid, Rocío Jurado y Mario se comprometieron a ser los padrinos de mi hijo Jacobo, fruto de mi relación con mi mujer, María Ángeles. Sin embargo, Cantinflas enfermó gravemente unos meses antes del bautizo de Jacobo y de mi boda con María Ángeles. Rocío fue la madrina, y como padrino estuvo mi estimado don Antonio Garrigues Walker. Celebramos ambos eventos el 11 de marzo en El Escorial, y organizamos una fiesta campera en El Campillo, la finca de Baltasar Ibán, donde recibimos un telegrama de felicitación de Cantinflas, que estaba ya muy enfermo.

Con la muerte de Cantinflas, perdí a un amigo y el mundo perdió a un genio de la escena. Con aquel aspecto descuidado, chabacano, con los pantalones caídos, como caricatura del «pelado» mexicano de clase baja, poseía un talento excepcional. Fue el mejor actor del humor absurdo, un hombre de una personalidad extraordinaria.

EN COLOMBIA, COMO EN CASA

En Cali pasé durante varios años la noche del 24 de diciembre, toreando en la feria. Aunque lejos de la familia, los caleños, con su hospitalidad, me hacían sentir como en casa. Allí estaba conmigo el gran diestro colombiano Pepe Cáceres, un ídolo, como hoy lo es Luis Bolívar, con quien mantuve una relación cercana, alternando en los ruedos y fuera de las plazas.

—Jaime, te voy a presentar a mi nueva novia —me decía cada temporada, y me ponía delante a la mujer más guapa de Colombia.

—¡Osú, qué monumento!... Y la que viene con ella..., ¡madre mía!

—Eso es cosa tuya, Jaime.

Me enamoré de bellísimas caleñas y tuve mucho éxito con ellas, no solo porque estaba bien rematado, sino porque también obtuve grandes triunfos en el ruedo. Fue en Cali donde conocí al empresario Fernando Ulloa, gran aficionado y excelente amigo, quien años después se casó con mi querida amiga Maika Pérez de Cobas, de cuya hija Blanca soy padrino de bautizo.

En Cali, con el torero triunfador, todo son muestras de cariño y admiración. Allí tuve mucho cartel; tanto es así que un año, de las cuatro corridas de la feria, hice el paseíllo en tres y me llevé todos los premios. Aún sigo asistiendo a esa feria con mi mujer.

De Cali, todos los toreros tenemos gratos recuerdos, los de antes y los de ahora. Todos hemos triunfado allí... Cali todavía me impulsa a viajar por Navidad para estar en su feria, disfrutar de la hospitalidad de Jorge Carlos y de Eduardo y de Maika Pérez de Cobas. Días después, nos trasladamos a Cartagena de Indias para pasar la Nochevieja en el lugar más bello del mundo —según mi mujer— con nuestros amigos, Gitanillo de

América y su esposa, Ivette Uhia, y navegar con ellos por las islas de Rosario.

La afición taurina de Bogotá, Cali, Medellín, Manizales, de Quito, Ambato, de Caracas, Maracaibo, Valencia, de Lima, México D. F., Aguascalientes, Jalisco, Texcoco, Guadalajara... tiene un calado sentimental taurino más profundo que el que se ve en muchas plazas de España. Allí, a uno se le pone la piel de gallina desde el inicio del paseíllo, cuando escucha a las bandas de música tocar el himno nacional español y, luego, el del país donde se celebra la corrida. Por eso, y por mucho más, amo América Latina, donde los aficionados rebosan de una afición taurina sin complejos.

La afición americana que admiró a Manolete, a Ordóñez, a Luis Miguel, al Litri, a Ostos, al Viti, a Camino, a Paquirri, a Capea, a Manzanares, a Dámaso González, a Espartaco, a los Campuzano... es la misma que hoy tributa honores a Ponce, José Tomás, el Juli, Talavante, Morante, Perera, Manzanares, el Fandi, el Cid, Uceda Leal, Roca Rey, los Adame, Escribano, Colombo... Es la América Latina que debe seguir siendo el escenario del toreo más allá del Atlántico.

LA HORA DE LA RETIRADA

A todos los grandes toreros retirados se nos encogen el cuerpo y el alma cuando un empresario nos tienta para reaparecer. Aunque es algo muy personal, yo creo que los toreros tenemos un cupo asignado de suerte, y que no debemos agotarlo nunca, para que siempre nos quede una verónica o un natural por dar, aunque sea en un tentadero.

> Écija le dijo adiós a un valiente: terminada la lidia del cuarto toro, de Carlos Núñez, el que fuera matador de toros ecijano

> Bartolomé Jiménez Torres salió al centro del ruedo, rodeado de una nube de fotógrafos, y procedió a desprenderle la coleta a Jaime Ostos, que fue paseado a hombros por el ruedo...

Esa fue la hora de mi retirada de los ruedos: dolorosa, con mi último traje de luces; triunfal, porque corté cuatro orejas y un rabo; emotiva, porque escuché de mis paisanos hondas ovaciones: la primera, al iniciar el paseíllo junto a Tomás Campuzano y Mario Triana, y la más larga, al salir de la plaza junto a mis compañeros, que también cortaron orejas.

Aquella noche recibí miles de telegramas de compañeros, amigos y aficionados..., pero guardo en la memoria especialmente el de Paquirri, que toreaba al día siguiente en Zaragoza junto con Dámaso González y Luis Francisco Esplá, y que me decía que sentía no poder estar aquella tarde al lado de un maestro de la tauromaquia y de un valiente en el ruedo y fuera de él: «Espero verte cerca, maestro, el día que yo me retire de los ruedos, que ojalá sea dentro de muchos años». Nunca pude estar en la despedida de Paquirri, porque solo cuatro años después el maestro de Barbate se despidió sin avisar, cuando el toro Avispado se lo llevó para siempre, convirtiéndolo en leyenda y mito en el toreo.

Uno no sabe cuántas verónicas le quedan para burlar a un toro o a una vaca, pero todos somos conscientes de que, en un instante, puede ser la última. Yo, que he sobrevivido a una cornada mortal, sé que Dios quiso que no gastara esa suerte, y guardo la media verónica o el natural que me queda para cuando voy a Fuente Ymbro, a la finca de Pedro Trapote, a casa de Samuel Flores, o a lo de Juan Pedro Domecq.

Ecijano de nacimiento, quise ser torero desde adolescente, cuando vi de cerca a Manolete en mi pueblo. Allí, en Écija, tenía que ser el final de mi carrera taurina, y así aconteció el 12 de octubre de 1980. Tengo la satisfacción de haber paseado, honorablemente, el nombre de Écija por todo el mundo, así como el de sevillano y español, por la gracia de Dios.

EL VENENILLO NO DESAPARECE NUNCA

Acudo a muchos tentaderos siempre por afición, también para ver a las nuevas promesas y aconsejarles, pero sobre todo porque siempre encuentro el momento de salir al ruedo y dar unos muletazos a una vaca, que me sirven para seguir creyendo que el toreo es la profesión más grande del mundo.

El «venenillo» me pudo en Fuente Ymbro, invitado por mi amigo y ganadero Ricardo Gallardo. Veo torear a Perera y no puedo quedarme quieto detrás de un burladero. Y lo mismo me ocurrió en la dehesa de Pedro Trapote, donde Fran Rivera me dejó claro que la vaca era buena y salí al ruedo para dar esos muletazos que me permiten seguir sintiéndome torero, aunque a mi mujer le disguste.

—¡Jaime, no salgas, por favor, eres un inconsciente! —me gritaba María Ángeles.

—Tranquila —le respondí, muy atento a la becerra, a la que le pegué tres pases enormes, pero al cuarto me descolocó y me dio un buen revolcón.

Aquella vaca me rompió el tendón de Aquiles. Tuve que estar escayolado un mes y me sirvió para no confiarme más. Aunque rebosé afición por todos lados, la edad no perdona a nadie.

En cualquier profesión, cuando uno se retira, no es grato aceptar la vida de jubilado, pero en el toreo es peor. Haber sido una figura y haber recibido tanta admiración del público deja a uno mal preparado para aceptar que, después, muchos se olvidarán de ti y volcarán su entusiasmo en las nuevas figuras. Pero es la ley de la vida.

A quienes hemos dejado constancia de torería en los ruedos nos complace ver que la continuidad de la fiesta se mantiene sobre los pilares del toreo y de las figuras actuales. Sin embargo, ojo, porque, si no aparecen nuevos valores que revolucionen el toreo, esto se agota. La tauromaquia del siglo XXI necesita de jóvenes toreros con ambición, valientes, artistas y, seguramente, muy revolucionarios y polémicos, dentro y fuera de la plaza, que sepan emocionar al público. No serán toreros como Manolete, ni como el Cordobés; tampoco como Ponce, el Juli, José Tomás o Morante, porque el público irá reclamando otro tipo de ídolos, que ya están preparándose.

Epílogo

de María Ángeles Grajal

Decidí terminar las memorias de Jaime en la Navidad de 2019, unos días antes de que nos fuéramos a Colombia, como cada año, para pasar con nuestros amigos Ivette Uhia y Gitanillo de América la Nochevieja en Cartagena de Indias. Lo celebramos en el hotel Santa Teresa, en compañía del cantante dominicano Juan Luis Guerra, quien llenó la noche de magia con sus canciones. Al día siguiente salimos a navegar en el yate de Ivette, desde el embarcadero de su casa en Barú, rodeando las islas del Rosario, en compañía de amigos, como Maika Pérez de Cobas, su familia, Jossy Bistro y otros españoles con quienes coincidíamos casi a diario.

Regresamos a España el 10 de enero, y enseguida pedí una consulta en el hospital de La Zarzuela para que a Jaime le hicieran una revisión médica de su columna, pues lo habían operado de las vértebras lumbares un año antes y me parecía prudente hacer un seguimiento.

—¡Qué tontería eso de que me revisen la columna, si estoy extraordinario! —protestó.

Jaime nunca se quejaba, tenía un aguante al dolor infinito, como todos los toreros. Lo que él llamaba «osteoporosis residual» de las volteretas en el ruedo era en realidad una severa estenosis del canal lumbar, sobre todo a nivel de las vértebras L4 y L5. La cirugía había aliviado el problema el año anterior, pero no lo había resuelto, debido a la degeneración crónica de sus vértebras, que estaban muy desgastadas y comprimían el nervio ciático. Volver a intervenir suponía un riesgo para la movilidad de sus extremidades inferiores, así que el neurocirujano optó por infiltraciones, analgésicos y relajantes musculares, que le permitieron a Jaime hacer vida normal durante unos meses (andar diez kilómetros diarios o bailar bulerías si se terciaba), hasta que, a finales de febrero, el dolor se hizo persistente y no cedía con la medicación. Volvimos al neurocirujano, quien decidió hacer una biopsia y detectó una infección de pseudomonas, una espondilodiscitis que se trató con antibióticos intravenosos, por lo que ingresaron a Jaime en el hospital de La Zarzuela el 28 de febrero de 2020.

En China se había detectado un brote de coronavirus desde noviembre de 2019. Unos meses después, la OMS declaraba la pandemia mundial del virus al extenderse por el resto de continentes, decretándose el estado de alarma y el confinamiento domiciliario en España, que fue uno de los países más afectados.

A medida que los contagios de COVID-19 crecían exponencialmente, los hospitales privados recibían a diario decenas de enfermos derivados de la sanidad pública, sobrecargada de pacientes con insuficiencia respiratoria y neumonías. Los médicos y, sobre todo, los neumólogos veíamos a diario radiografías con patrones de neumonías intersticiales en pacientes graves, con niveles de oxígeno en sangre tan bajos que obligaban a ponerles oxígeno de inmediato, aunque muchos no sentían falta de aire, mostraban la hipoxemia que rápidamente los descompensaba, llevándolos a un estado crítico y, en muchos casos, a la muerte.

Al poco tiempo de que Jaime iniciara el tratamiento infeccioso de las lumbares, una tarde comenzó a sentirse mal, con fiebre y tos insistente. Le solicité una radiografía de tórax y, al ver la neumonía intersticial bilateral, casi me desmayé. Dio positivo en COVID-19 y esa misma noche lo trasladaron al hospital Vithas. Aún recuerdo el traslado en la ambulancia, Jaime envuelto en sábanas y mantas, cruzando la M-30 desde La Zarzuela hasta el Vithas.

«Parece que tengo la lepra», me decía. Disimulé la gravedad de su situación y le aseguré que el traslado era para evitar contagiarse de COVID-19 por los pacientes que llegaban a diario al hospital de La Zarzuela, aunque él ya estaba infectado.

Yo acudía todos los días al hospital, vestida con el EPI, yendo de La Zarzuela o del Vithas al hospital Quirón, donde mi madre también estaba ingresada por COVID-19. Cuando llegaba a casa a dormir unas horas, daba gracias a Dios de que ambos siguieran vivos, mientras cada día moría algún compañero, algún conocido o decenas de desconocidos cuyos familiares ni siquiera podían despedirse de ellos.

A los siete días de estar en Vithas, Jaime dio negativo para COVID-19 y regresamos al hospital de La Zarzuela, pero había perdido casi veinte kilos, tenía anemia severa, no toleraba la comida y llegó a un estado de semiinconsciencia que precisó varios días en la UVI con ventilación asistida.

De nuevo en planta, aún necesitaba oxígeno y morfina, que le causaba alucinaciones: hablaba de momentos de su vida taurina y me llamaba a gritos a pesar de estar a su lado. Yo le cogía las manos para tranquilizarlo y trataba de responder a sus incoherencias. No evolucionaba favorablemente y decidí trasladarlo a casa, con el consentimiento de los médicos, ya que habían hecho todo lo posible.

El 6 de junio, al fin en casa, Jaime pesaba apenas cuarenta y siete kilos, y su estado de ánimo era triste y apagado, pero nuestro hijo Jacobo le había preparado una emotiva bienvenida, esperándolo con nuestros perros, Fleming y Lupita, que se le echaron encima, locos de alegría. Con ellos, Jaime comenzó a revivir.

Un mes después, ya pesaba setenta kilos; comía lo que le gustaba: garbanzos, fabada, huevos con patatas, callos, chuletillas de cordero, solomillos... Gozaba de la vida arreglando el jardín, nadando conmigo o con Jacobo, y diciéndome a cada momento que nadie se muere la víspera.

En agosto nos fuimos a Marbella, donde, como cada verano, Jaime disfrutaba del entorno y los amigos le daban vida. En septiembre regresamos a Madrid y, como siempre, quería salir a todos los eventos a los que nos invitaban. Era el más divertido, el más bailón y, para mí, el más grande.

«Te quiero tanto que solo quiero estar vivo para estar contigo», me decía.

Dos meses después, acordó ir a Colombia para pasar la Navidad, como siempre hacíamos. Yo dudaba en hacer el viaje por el esfuerzo de tantas horas de avión, pero Jaime, audaz e intrépido como siempre, me convenció: «Amor, no me consideres incapacitado para viajar, que tengo mejor salud que tú, doña Pupas».

Así pues, partimos para Colombia el 28 de diciembre de 2021, juntos y con cuatro maletas. Nunca olvidaré el regreso a Madrid el 12 de enero 2022, con las cuatro maletas... y una urna con sus cenizas.

El 7 de enero volamos desde Cartagena de Indias a Bogotá para un homenaje que le dieron en la plaza de toros La Santamaría. Esa noche, cenamos y nos acostamos con las maletas hechas. A la mañana siguiente, cuando fui a despertarlo, no respondía. Grité a Ivette y ella llamó a una ambulancia, pero, ante la espera, Gitanillo sacó el coche y lo llevamos al hospital más cercano. Allí, los médicos me informaron de lo que no quería aceptar: Jaime había fallecido.

«No, no puede ser, tengo que verlo», dije. Me dejaron entrar, y solo recuerdo que me eché sobre él, besándolo y llamándolo: «Jaime, no te vayas. Te quiero, mi amor, no puedes irte».

Ivette y Gitanillo se encargaron de toda la burocracia que exigía la incineración por el protocolo de COVID-19 aún existente en Colombia para el traslado de los restos de Jaime a España. Me resultó muy duro estar en el tanatorio acompañándolo todo el tiempo que me permitían , pero tuve que aceptarlo y cumplir con todos los requisitos de la repatriación... El 12 de enero volamos de Bogotá a Madrid Ivette y yo, con las cenizas de Jaime en una urna. Al entrar en casa, me temblaban las piernas; habíamos salido juntos el 28 de diciembre y regresé sola, con sus cenizas.

Ocho días después, tuvo lugar su funeral. Periodistas de todos los medios se agolpaban a las puertas de la iglesia para cubrir la noticia. Así describió el momento Paloma Barrientos para *El Informal*:

> A las 20 horas del día 20 de enero comenzó la misa funeral en recuerdo de Jaime Ostos en la iglesia de Santa Bárbara de Madrid. El lugar elegido tenía que ver con la capacidad condicionada por el COVID-19. Las medidas sanitarias son las que marcan el aforo, y en este caso han sido muchas las personas que han querido estar presentes en esta liturgia oficiada por el párroco de esta iglesia madrileña.
>
> María Ángeles Grajal llegó junto a su hijo Jacobo y su íntima amiga Ivette Uhia. En la ceremonia estaban también las hijas del torero, Gabriela y Gisela.
>
> Un cuarteto de cuerda se encargó de acompañar la liturgia religiosa y la soprano Pilar Jurado cantó la *Salve*. Hubo dos amigos de Ostos que quisieron homenajear al torero: uno, el periodista taurino Miguel Redondo, y otro, el presidente de la Federación Taurina de Madrid. Los dos hicieron un perfil muy personal del que, según dijeron, fue una de las figuras del toreo [...]. Al finalizar la misa, Jacobo Ostos quiso dar gracias por todos los mensajes recibidos desde que se supo la muerte de su padre, entre ellos, el de sus majestades los Reyes de España, don Felipe de Borbón y doña Leticia [...]. Acudie-

> ron muchos amigos para el último adiós al torero, entre ellos, Norma Duval, Paloma Segrelles, Esperanza Aguirre, Ortega Cano, Antonio Garrigues, Pepe Hidalgo, José Pedro el Fundi, Bigote Arrocet, Luis Miguel Rodríguez, Juan Peña, Rappel, la Peña Taurina Las Meninas de España, etc. [...] Muy triste y sin poder aún procesar la ausencia de su marido, María Ángeles comentó: «Tuve la suerte de compartir mi vida con un hombre generoso, que me quería muchísimo. He sido muy feliz, ahora tengo que aprender a estar sin él [...]».

Me sentí enormemente agradecida por todas las condolencias que recibí y los diversos artículos periodísticos que comencé a leer muchos días después, porque estuve en *shock* emocional varias semanas.

Al día siguiente del funeral, acudí a Sevilla arropada por familiares y amigos cercanos, para rendir el homenaje que Jaime merecía en la Real Maestranza. Iniciamos el paseíllo en la puerta de cuadrillas, portando la urna con sus cenizas, alternándonosla Gabriela, Jacobo, Gisela y yo. Su hijo Jaime Ostos jr. no acudió (tampoco estuvo en Madrid ni en Écija).

Seguimos, en silencio, con familiares, amigos y toreros, dando una vuelta al ruedo sevillano hasta la salida por la Puerta del Príncipe, donde esperaban centenares de aficionados, políticos y figuras de diversos ámbitos, y comenzó a sonar un pasodoble interpretado por la banda de música de Puebla del Río, a petición de Morante de la Puebla. Tras la vuelta, nos dirigimos a la cercana capilla del Baratillo, donde se celebró una misa de réquiem.

Veinticuatro horas después, viajamos a Écija, su pueblo natal, para el funeral solemne en la parroquia de Santiago. Sus paisanos dieron el último adiós al maestro que paseó el nombre de Écija por todo el mundo. Dejamos sus cenizas en el columbario, detrás del altar mayor, hasta obtener los permisos necesarios para su traslado al monumento conmemorativo que le rendiría honor en su ciudad.

Al despedirme de Gabriela, le expresé mi deseo de que, cuando quisiera, viniera a casa a llevarse algunos recuerdos personales de su padre, pero pasaron meses sin tener noticias ni de ella, ni de su hermano Jaime, ni de Gisela.

Nos reencontramos el 20 de enero de 2024 en Écija, para la inauguración del monumento a Jaime Ostos, erigido en la glorieta que lleva su nombre. Al terminar el acto, me acerqué a Gabriela y le reiteré la invitación de visitar mi casa en Madrid, a lo que respondió fríamente:

—Sí, allí hay muchas cosas de papá que me gustaría tener.

—En casa están los recuerdos de los últimos cuarenta años que tu padre vivió conmigo y con Jacobo. No tienen valor económico, pero sí un valor emocional muy grande para todos.

—Tenemos que hablar de la herencia de mi padre —me dijo.

—El patrimonio de tu padre lo recibisteis en vida tú y tu hermano cuando se separó de tu madre en 1969, y se legalizó posteriormente en 1972 —le dije un poco sorprendida, esperando respuesta, pero, ante su largo silencio, insistí en que mi casa estaba abierta para ella y para sus hermanos Jaime y Gisela.

—Tenemos que hablar de la herencia de papá —insistió muy firme.

—¿Qué herencia? Tu padre os dejó todo lo que tenía: casas, fincas, dinero, acciones en bancos, coches, obras de arte… Todo lo recibisteis y habéis vivido mucho tiempo de ello —le dije.

—Nos corresponde una parte de lo que papá tenía al morir, porque también somos sus hijos, como tu Jacobo —añadió Gabriela, sonriendo irónicamente.

Entonces, Jacobo, que había oído la conversación, preguntó con calma por qué no había venido antes a Madrid a llevarse un recuerdo de su padre, que la habíamos esperado más de un año. Pero Gabriela respondió aludiendo de nuevo a una supuesta herencia, y Jacobo, muy firme, continuó:

—A ti y a tu hermano Jaime os dejó todo en vida, y a tu madre en usufructo. Debería darte vergüenza presumir ahora de padre cuando en vida lo denigraste públicamente en televisión, apoyando las mentiras de tu madre. Yo lo vi llorar en casa cuando tu madre lo llamó «maltratador» y tú confirmaste sus mentiras. Tu hermano Jaime lo negó siempre, pero tú lo ratificaste. Mi madre siempre intentó reconciliaros, y tú lo sabes.

En ese momento recordé lo que Jaime me dijo muchas veces de sus hijos: «Cuando yo no esté a tu lado, te harán el daño que ahora no pueden hacerte».

Aquella conversación con Gabriela me dejó claro que hay fragmentos de esta historia que me obligan a sacar a la luz, porque el silencio a veces otorga la razón injustamente a quien vocifera mentiras.

Cuando Jaime y yo nos conocimos, en el año 1982, él no tenía ninguna relación con sus hijos desde hacía tiempo, por razones personales entre ellos en las que nunca me inmiscuí por respeto a todos, pero, una vez casados, intenté sobradamente convencer a Jaime de que debía olvidar tiempos pasados, perdonarse mutuamente y restablecer la relación paternofilial que habían roto.

Primeramente conocí a Jaime jr., hablé con él por teléfono cuando hizo un viaje a Madrid y le aconsejé que fuera al hotel Wellington, donde su padre tomaba café a diario a media mañana, y le diera el abrazo, que eso le emocionaría e iba a ser correspondido. Me equivoqué porque, cuando lo vio delante de él, a Jaime solo se le ocurrió decirle que se cortara la melena, que adónde iba con aquellos pelos, que le daba vergüenza verlo de aquellas maneras…

—No quiero ver a mi hijo con esa pinta —me dijo Jaime en casa.

—Tu hijo es modelo fotográfico, y esa es su imagen. Tienes que respetarlo. A mí sí que me da vergüenza tu cavernícola forma de hablar y tu conducta de machista —le respondí.

Al día siguiente, pedí a Jaime jr. que viniera a casa, que en casa resolveríamos lo que fuera preciso. Y gracias a mí, resolvieron sus diferencias por un cierto tiempo. Su relación tenía periodos de silencios al vivir Jaime jr. en Estados Unidos; épocas de enfados a raíz de entrevistas que daba a la prensa del corazón, reivindicando la relación de su padre con Lita y humillando mi nombre y el de Jacobo; ciclos de pedir perdón y volver a una buena relación; reencuentros y alejamientos temporales que supe encajar por mantener más o menos el vínculo familiar entre ellos.

El reencuentro de Jaime con su hija Gabriela también tuvo lugar en mi casa, a raíz de llamarla por teléfono infinidad de veces pidiéndole que viniera a Madrid, para conocernos nosotras y reconciliarse ellos dos. Tuvimos etapas de buena relación, con intervalos de desencuentros, como el que ella provocó cuando le dijo a su padre que iba a casarse, que le gustaría que fuera el padrino, pero que a su boda no asistiéramos ni Jacobo ni yo... Después de escucharla, Jaime le dijo toda clase de improperios, de insultos y de ofensas tan inapropiadas como la petición que ella le había hecho. Le colgó el teléfono, no fue a la boda y pasaron varios años sin verse ni hablarse, hasta que volví a intentar su reencuentro aprovechando un homenaje que le hacían a Jaime en Écija. Le pedí que acudiera a Écija, que su padre deseaba conocer a sus nietos y que era una ocasión única para mostrar sus recíprocos sentimientos. Fue un día emocionante para padre, hija y nietos.

La relación familiar con los Ostos Alcalá tenía lugar esporádicamente, a plazos de tiempo. Una vez al año, por lo menos, nos veíamos en Sevilla en la Feria de Abril, pero después pasaban meses y meses sin tener ningún contacto, siempre por culpa de conversaciones entre ellos donde Gabriela criticaba a su padre la conducta que había tenido con su madre... Aquellas conversaciones a Jaime le revolvían el estómago.

—Me dan náuseas solo con escuchar el nombre de tu madre.

—Eres un bocazas, Jaime, tienes que comprender a Gabriela cuando habla de su madre —le insistí siempre.

—Son malas, malas, malas...

Yo no dejaba que siguiera hablando, y entonces me recordaba siempre el daño que me harían cuando él no estuviera.

—No me aburras con esa frase, cariño, tú vas a vivir cien años.

La última Navidad de Jaime, que la pasamos en Colombia, no recibió ni una llamada de sus hijos para felicitarle las fiestas. Intenté que fuera él quien los llamara, pero no lo hizo. Hacía tiempo que no se hablaban, así había sido siempre.

Tras la muerte de su padre, Gabriela y Jaime mostraron su dolor en prensa y en televisión a través de entrevistas mencionando su pesar al no haber podido despedirse de él.

—¡Qué cara tienen! ¡Hacía meses que no llamaban a papá para preguntar cómo estaba! —me recordaba Jacobo al escuchar las quejas de su hermano en televisión, alegando que no pudo despedirse de su padre porque yo no lo había llamado a tiempo de que él pudiera viajar desde Carolina a Colombia.

El día 8 de enero de 2022, a las ocho de la mañana, momento en el que Jaime murió, entre en *shock*. Únicamente tuve fuerzas para llamar a Jacobo y a mi hermana, darles la trágica noticia, encargar a mi hijo que se lo comunicara a sus hermanos y se ocupara del papeleo burocrático exigido en el consulado y en la embajada de Colombia en España. Después, solo recuerdo mi llanto junto al cadáver de mi marido.

Al poco, empezaron a llover los titulares: «El mítico torero no dejó testamento. Por eso sus hijos están en pie de guerra y acusan a la última mujer de ser la responsable...», se decía en Antena 3 TV. «El torero fue muy generoso y repartió en vida cuanto tenía entre sus hijos. Tras su divorcio con Consuelo

Alcalá, sus hijos heredaron la finca La Tenienta, y todo el patrimonio que poseía en aquel tiempo», comentó Beatriz Cortázar en la misma cadena.

Y posteriormente vinieron las declaraciones de su exmujer en *ESdiario* el 15 de abril del 2024:

> Estoy retirada del mundo y no quiero tener problemas con nadie, pero mis hijos se han ocupado de su padre continuamente, y no se van a meter en nada de la herencia [...]. Es mentira que hayan recibido ningún objeto de su padre en vida [...], ellos se conforman con lo que su padre les dejó. Yo y mis hijos hemos sentido mucha pena, pero se ha muerto como él quería. Cuando se triunfa muy joven, se cometen muchos errores [...]. Todo estaba perfecto entre nosotros y le perdoné [...]. Donde yo esté, él estará conmigo [...].

Contradicciones y mentiras en cada frase.

También Jaime Ostos jr. habló para algunos medios, como la revista *Pronto*:

> Las cosas que mi padre nos iba a dejar en herencia han desaparecido [...], es incomprensible y estoy dispuesto a llevar el asunto a los tribunales [...]. Siempre mantuvimos una relación cordial con mi padre [...]. Voy a pedir el ADN a Jacobo porque no es un Ostos.

Y también declaró en *Vanitatis* que su padre fue uno de los primeros toreros en ganar un millón de pesetas por corrida, y añadía, con cierta ironía: «Nos preguntamos dónde está ahora todo ese dinero».

Pero ¿de qué herencia y de qué dinero hablan...? ¿De un patrimonio que Jaime Ostos tenía en 1970, al divorciarse de su primera mujer, y que se lo dio a ella y a los hijos de ambos?

En aquellos años, yo era una estudiante de Medicina en Salamanca. Ni conocía a Jaime, ni a Consuelo, ni a sus hijos, ni a Lita. Ni he visto nunca los millones de pesetas que su hijo Jaime va pidiendo en la actualidad.

El agravio de estas personas contra mi hijo, al que acusan de ser un bastardo, y contra mí no me deja indiferente. Siento enorme dolor y una indignación profunda, porque han mancillado mi dignidad y la de Jacobo, y, sobre todo, la de su padre. Ya aceptada la querella que mi hijo y yo hemos puesto, solo espero que la justicia se pronuncie.

Al finalizar las memorias de Jaime, siento la necesidad de cerrar este círculo vital y preservar la paz de su recuerdo. La soledad y el vacío que me ha dejado Jaime es como un dolor crónico, sordo, confuso, pesado y que revive cada día entre sus recuerdos. Jaime está en cada rincón de mi casa, y su esencia inunda mi memoria.

Cuando voy a las corridas de toros, lo veo de algún modo, etéreo pero presente, y hasta se me escapa una sonrisa. No puedo evitar la sensación de que Jaime, desde algún lugar, me está observando. «¿De qué te ríes?», me preguntan, pero no suelo contestar, porque no quiero construir mentiras inútiles. No necesito que me pregunten en qué pienso; él sabía leer mi mente y borraba cualquier atisbo de tristeza con una sonrisa o un beso. Así era Jaime, apasionado y seductor, tanto en la vida como en el ruedo.

Termino estas páginas con gratitud hacia los años vividos con Jaime. Fui su cómplice y sigo siéndolo en mis pensamientos. A él le gustaba ser escuchado, admirado y ovacionado, como un héroe. A menudo, por la noche, evoco su poder de seducción y sonrío a solas mientras me preparo un vaso de leche y recuerdo el fuego que nos unió hasta el último día.

Agradecimientos

La editora y la autora expresan su más profundo agradecimiento a todos los profesionales que han contribuido al enriquecimiento visual de esta obra, cuyo abundante material gráfico está diseñado para el disfrute del lector.

Hemos realizado un exhaustivo esfuerzo para contactar con los fotógrafos y los titulares de los derechos de las imágenes utilizadas. No obstante, en caso de que alguna autoría no haya podido ser identificada o acreditada, especialmente en relación con ciertos retratos inicialmente atribuidos al archivo personal de la doctora María Ángeles Grajal, presentamos nuestras disculpas más sinceras.

Queremos extender un agradecimiento especial, entre otros, a Jesús Martín Cartaya, Francisco Cano, José Solana, Lendinez, Joaquín Sanchis Serrano «Finezas», Jesús Carrero —quien nos concedió su aprobación verbal—, Muriel Feiner, Francisco Guerra, así como a la Agencia Europa Press y la revista *Hola*, cuya colaboración ha sido invaluable.